KLAUS-JOACHIM SCHNEIDER

Konzentrationsbestrebungen der deutschen Landesrundfunkanstalten in verfassungsrechtlicher Sicht

Schriften zum Öffentlichen Recht

Band 115

Konzentrationsbestrebungen der deutschen Landesrundfunkanstalten in verfassungsrechtlicher Sicht

Von

Dr. Klaus-Joachim Schneider

DUNCKER & HUMBLOT / BERLIN

Alle Rechte vorbehalten
© 1970 Duncker & Humblot, Berlin 41
Gedruckt 1970 bei Buchdruckerei Bruno Luck, Berlin 65
Printed in Germany

Inhalt

Abkürzungsverzeichnis	9
Vorbemerkung	15

1. Kapitel

Die verfassungsrechtliche Stellung des Rundfunks

A.	Der Programmbegriff	16
	§ 1 Der normative Rundfunkbegriff	16
	§ 2 Organisationsstrukturelle Interpretation	17
	I. Technik	17
	II. Verwaltung	18
	III. Programm	18
	§ 3 Programmstrukturelle Interpretation	19
	I. Rundfunk als Kulturträger	19
	II. Publizistischer Rundfunk	20
	III. Politische Institution Rundfunk	22
	1. Politik im komplexen Programmbild	22
	2. Politische Funktion nach den Sendegrundsätzen	22
	3. Historischer Funktionswandel	23
	4. Gegenwärtiges Machtverständnis	24
	5. Funktionale Einheitstheorie	24
	a) Kompositäre Programmleistungen	24
	b) Originäre Programmleistungen	25
B.	Der Rundfunk im grundgesetzlichen System der „Meinungsfreiheit"	28
	§ 1 Die „Rundfunkfreiheit"	28
	§ 2 Das Recht der privaten Meinungsäußerung	28
	§ 3 Die Gewähr öffentlichkeitsbezogener Meinungsäußerung	31
	§ 4 Der Begriff „Öffentliche Meinung"	32
	§ 5 Die Funktionalität öffentlicher Meinung	33

2. Kapitel

Materiellrechtliche Diskussion rundfunkstruktureller Maßnahmen

A. Redaktioneller Programmbereich 39

   § 1 Dimensionen informationspolitischer Funktionalität des Rundfunks 39

   § 2 Das Informationsspektrum des Rundfunks 42

       I. Neutralität als Sendegrundsatz 42

      II. Rundfunkanstalten im Informationsverbund 46

         1. Ausgangsposition 46

         2. Technische Versorgungsleistungen 46

            a) Hörfunkbereich 46

            b) Fernsehbereich 48

            c) Internationaler Vergleich 48

            d) Folgerungen 48

         3. Programmversorgungsleistungen 49

            a) Gegenwartssituation 49

            b) Lösungsmodelle 51

               aa) Strukturelle Maßnahmen 51

               bb) Ausgewählte Probleme 51

     III. Interdependenzwirkungen beim Rundfunk 53

         1. Ausgangsposition 53

         2. Rundfunk und Film 53

         3. Rundfunk und Presse 53

            a) Strukturdifferenzen 53

            b) Komplementärsituation 55

B. Außerredaktioneller Programmbereich 60

   § 1 Wirtschaftswerbung als Integrationsaufgabe 60

       I. Werbesendungen und Konzentrationsmaßnahmen 60

      II. Organisationsgrundlagen der Rundfunkwerbung 60

     III. Werbung als „öffentliche Aufgabe" 61

         1. Begriffstechnische Überlegungen 61

Inhalt

	2. Erwerbswirtschaftliche Tätigkeit der Rundfunkanstalten	63
	3. Anspruch der Wirtschaft als integrierter Gesellschaftsfaktor	65
IV.	Grenzen der Wirtschaftswerbung	67
	1. Programmbereich	67
	2. Einnahmebereich	68
V.	Konsequenzen	69

§ 2 Rundfunkwerbung als instrumentale Wettbewerbssituation 69

- I. Der Rundfunk als Werbeträger 69
- II. Konsequenzen 71

C. Gesellschaftlicher Kontrollbereich 71

§ 1 Rundfunkorgane als Möglichkeit institutioneller Funktionsgewähr 71
§ 2 Präsente Strukturen 72
§ 3 Reformerwägungen 72

- I. Organstruktur 72
  1. Rundfunkrat 72
     - a) Aufgabenprinzip 72
     - b) Repräsentationsprinzip 73
     - c) Präsenz von Regierungsvertretern 75
     - d) Präsenz von Parteivertretern 77
  2. Intendant 79
  3. Verwaltungsrat 80
- II. Prinzip der Öffentlichkeit 80
- III. Institutionalisierungseffekt 81

D. Wirtschaftliche Praktikabilität gesamtstruktureller Maßnahmen.... 82

§ 1 Finanzsituation 82
§ 2 Einnahmestruktur 82
§ 3 Fusionsauswirkungen 83
§ 4 Ergebnis 83

3. Kapitel

Formalrechtliche Gestaltungsakte

A. Die legislative Regelungskompetenz der Länder 84

§ 1	Der legislative Schöpfungsakt	84
§ 2	Die Bestandsgewährleistung	88
	I. Rechtsaufsicht	88
	II. Gebührenregelung	91

B. Die legislative Regelungskompetenz des Bundes ... 92

C. Gemeinschaftsregelung der Länder ... 93

§ 1	Das Vertragsprinzip	93
§ 2	Geltungsvoraussetzungen	95
§ 3	Föderalistisches Prinzip als Grenze der Vertragsfreiheit	95
	I. Staatsrechtliche Grundstruktur	95
	II. Pluralität der Länder	98
	III. Souveränität von Gliedstaaten	99
	IV. Grundsatz der Bundestreue	101
§ 4	Vertragstechniken	101
	I. Staatsvertrag und Verwaltungsabkommen	101
	II. Rechtliche Substanz des Übertragungsaktes	102
	III. Vertretungsmaxime	103
	IV. Grundsätze der Wirksamkeit	103

4. Kapitel

Schlußthesen

A. Leitsätze ... 104

B. Konsequenzen ... 104

Anhang ... 106

Literarurverzeichnis ... 108

Abkürzungsverzeichnis

a.a.O.	=	am angegebenen Ort
Abk.	=	Abkürzung
ABl.	=	Amtsblatt
Abs.	=	Absatz
Abschn.	=	Abschnitt
allg.	=	allgemein
Anm.	=	Anmerkung
AöR	=	Archiv des öffentlichen Rechts (Jahrgang, Seite)
ARD	=	Arbeitsgemeinschaft der öffentlich-rechtlichen Rundfunkanstalten der Bundesrepublik Deutschland
ARD-Dokumentation	=	Bd. 1 (Rundfunkanstalten und Tageszeitungen, Eine Materialsammlung, Tatsachen und Meinungen), Frankfurt/Main, Mai 1965, Hrsg. ARD Bd. 3 (Rundfunkanstalten und Tageszeitungen, Eine Materialsammlung, Wissenschaftliche Beiträge), Frankfurt/Main, Sept. 1965, Hrsg. ARD
ARD-Denkschrift	=	Denkschrift über die Zusammenarbeit der deutschen Rundfunkanstalten, Dezember 1967, Hrsg. ARD
ARD-Zahlenwerk	=	Finanzübersicht der ARD, München 1967
Art.	=	Artikel
Aufl.	=	Auflage
bawüVf	=	Verfassung des Landes Baden-Württemberg vom 11. 11. 1953 (GBl. S. 173)
bayBS	=	Bereinigte Sammlung des bayerischen Landesrechts
BayVBl.	=	Bayerische Verwaltungsblätter, Zeitschrift für öffentliches Recht und öffentliche Verwaltung, München, (Jahrgang, Seite)
bayVf	=	Verfassung des Freistaates Bayern vom 22. 12. 1946 (BayBS I S. 3)
BayVGH	=	Bayerischer Verwaltungsgerichtshof
BB	=	Der Betriebsberater, Heidelberg (Jahrgang, Seite)
Bd.	=	Band
berlVf	=	Verfassung von Berlin vom 1. 9. 1950 (VOBl. I S. 433)
BGBl.	=	Bundesgesetzblatt
BR	=	Bayerischer Rundfunk

breVf	=	Landesverfassung der Freien Hansestadt Bremen vom 21. 10. 1947 (GBl. S. 251)
BRG	=	Gesetz über die Errichtung und die Aufgaben einer Anstalt des öffentlichen Rechts „Der Bayerische Rundfunk" vom 10. 8. 1948 i. d. F. vom 22. 12. 1959 (*Herrmann*, Gesetze, S. 27 ff.)
BRS	=	Satzung des Bayerischen Rundfunks vom 9. 7. 1964 (*Herrmann*, Gesetze, S. 27 ff.)
BRVO	=	Verordnung zur Durchführung des Gesetzes über die Errichtung und die Aufgaben einer Anstalt des öffentlichen Rechts „Der Bayerische Rundfunk" vom 20.1.1960 (*Herrmann*, Gesetze, S. 24 ff.)
BVerfG	=	Bundesverfassungsgericht
BVerfGE	=	Entscheidungen des Bundesverfassungsgerichts (Band, Seite)
BVerfGG	=	Gesetz über das Bundesverfassungsgericht vom 12. 3. 1951 i. d. F. vom 21. 7. 1956 (BGBl. I S. 662)
BVerwG	=	Bundesverwaltungsgericht
BVerwGE	=	Entscheidungen des Bundesverwaltungsgerichts (Band, Seite)
bzw.	=	beziehungsweise
cfr.	=	conferatur
ders.	=	derselbe
DGO	=	Deutsche Gemeindeordnung vom 30. 1. 1935 (RGBl. 49; außer Kraft)
d. h.	=	das heißt
dies.	=	dieselbe
DLF	=	Deutschlandfunk
DÖV	=	Die Öffentliche Verwaltung, Zeitschrift für Verwaltungsrecht und Verwaltungspolitik, Stuttgart und Köln (Jahrgang, Seite)
DVBl.	=	Deutsches Verwaltungsblatt, Köln - Berlin (Jahrgang, Seite)
ebd.	=	ebenda
etc.	=	et cetera
f.	=	folgende Seite
FAG	=	Gesetz über Fernmeldeanlagen vom 14. 1. 1928 (RGBl. I 8)
ff.	=	folgende Seiten
G	=	Gesetz
GBl.	=	Gesetzblatt
GG	=	Grundgesetz für die Bundesrepublik Deutschland vom 23. 5. 1949 (BGBl. S. 1)
GVBl.	=	Gesetz- und Verordnungsblatt
HChE	=	Entwurf des sog. Verfassungskonvents, der vom 10. bis 23. 8. 1948 in Herrenchiemsee tagte

HD	=	Hinweisdienst der Werbung im Rundfunk GmbH., Frankfurt/Main (Nr., Jahrgang, Seite)
heVf	=	Verfassung des Landes Hessen vom 1. 12. 1946 (GVBl. S. 229)
h. M.	=	herrschende Meinung
hmbgVf	=	Verfassung der Freien und Hansestadt Hamburg vom 6. 6. 1952 (GVBl. S. 117)
HR	=	Hessischer Rundfunk
HRG	=	Gesetz über den Hessischen Rundfunk vom 2. 10. 1948 (*Herrmann*, Gesetze, S. 32 ff.)
HRS	=	Satzung des Hessischen Rundfunks vom 2. 7. 1949 (*Herrmann*, Gesetze, S. 43 ff.)
Hrsg.	=	Herausgeber
i. d. F.	=	in der Fassung
IHB	=	Internationales Handbuch für Rundfunk und Fernsehen 1967/68, Hamburg (Abschnitt, Seite)
insb.	=	insbesondere
i. S.	=	im Sinne
i. Vb.	=	in Verbindung
JöR	=	Jahrbuch des öffentlichen Rechts (Band, Jahrgang, Seite)
Jur.	=	juristisch
JZ	=	Juristenzeitung (Jahrgang, Seite)
li. Sp.	=	linke Spalte
mV/m	=	Millivolt pro Meter (Feldstärke)
NDR	=	Norddeutscher Rundfunk
NDRS	=	Satzung des Norddeutschen Rundfunks vom 2. 3. 1956 (*Herrmann*, Gesetze, S. 63 ff.)
NDRStV	=	Staatsvertrag über den Norddeutschen Rundfunk vom 16. 2. 1955 (*Herrmann*, Gesetze, S. 51 ff.)
ndsVf	=	Vorläufige Niedersächsische Verfassung vom 13. 4. 1951 (GVBl. S. 103)
NJW	=	Neue Juristische Wochenschrift, München und Berlin (Jahrgang, Seite)
nwVf	=	Verfassung für das Land Nordrhein-Westfalen vom 28. 6. 1950 (GVBl. S. 1217)
o. Qu.	=	ohne Quellenangabe
ParteiG	=	Gesetz über die politischen Parteien vom 24. 7. 1967 (Parteiengesetz), BGBl. I S. 773
RB	=	Radio Bremen
RBG	=	Gesetz über die Errichtung und die Aufgaben einer Anstalt des öffentlichen Rechts „Radio Bremen" vom 22. 11. 1948 (*Herrmann*, Gesetze, S. 76 ff.)

Abkürzungsverzeichnis

RGBl.	=	Reichsgesetzblatt
RGSt	=	Entscheidungen des Reichsgerichts in Strafsachen (Band, Seite)
rhpfVf	=	Verfassung für Rheinland-Pfalz vom 18. 5. 1947 (VOBl. S. 209)
RR	=	Rundfunkrat
r. Sp.	=	rechte Spalte
RuF	=	Rundfunk und Fernsehen, Hamburg (Jahrgang, Seite)
RV	=	Verfassung des Deutschen Reiches vom 16. 4. 1871 (RGBl. S. 64)
s.	=	siehe
S.	=	Seite
S	=	Satzung
saarlVf	=	Verfassung des Saarlandes vom 15. 12. 1947 (ABl. Saarland 1947, S. 1077)
schlhGO	=	Gemeindeordnung für Schleswig-Holstein vom 24. 1. 1950 (SaBl. 217)
schlhVf	=	Landessatzung für Schleswig-Holstein vom 13. 12. 1949 (GVBl. 1950 S. 3)
SDR	=	Süddeutscher Rundfunk
SDRG	=	Gesetz Nr. 1096 — Rundfunkgesetz — vom 21. 11. 1950 (*Herrmann*, Gesetze, S. 119 ff.)
SDRS	=	Satzung für den „Süddeutschen Rundfunk" in Stuttgart vom 21. 11. 1950 (*Herrmann*, Gesetze, S. 122 ff.)
SFB	=	Sender Freies Berlin
SFBG	=	Gesetz über die Errichtung einer Rundfunkanstalt „Sender Freies Berlin" vom 12. 11. 1953 i. d. F. vom 26. 10. 1964 (*Herrmann*, Gesetze, S. 110 f.)
SFBS	=	Satzung der Rundfunkanstalt „Sender Freies Berlin" vom 12. 11. 1953 i. d. F. vom 26. 10. 1964 (*Herrmann*, Gesetze, S. 111 ff.)
sog.	=	sogenannt
SR	=	Saarländischer Rundfunk
SRG	=	Gesetz Nr. 806 über die Veranstaltung von Rundfunksendungen im Saarland vom 2. 12. 1964 (*Hermann*, Gesetze, S. 83 ff.) i. Vb. mit Gesetz Nr. 844 vom 7. 6. 1967 (ABlSaarl S. 478)
SRS	=	Satzung des Saarländischen Rundfunks vom 11. 7. 1966 (AmtsBl. Saarland 1966, S. 573 ff.)
SRVO	=	Verordnung zur Durchführung des Gesetzes über die Veranstaltung von Rundfunksendungen im Saarland vom 22. 12. 1964 (*Herrmann*, Gesetze, S. 108 ff.)
StV	=	Staatsvertrag
SWF	=	Südwestfunk
SWFS	=	Satzung des Südwestfunks vom 20. 6. 1952 (*Hermann*, Gesetze, S. 139 ff.)

Abkürzungsverzeichnis

SWFStV	=	Staatsvertrag über den Südwestfunk vom 27. 8. 1951 (*Herrmann*, Gesetze, S. 129 ff.)
Tab.	=	Tabelle
u.	=	und
u. a.	=	unter anderem
u. U.	=	unter Umständen
v.	=	vom
VerwArch	=	Verwaltungsarchiv (Band, Jahrgang, Seite)
vgl.	=	vergleiche
VO	=	Verordnung
VOBl.	=	Verordnungsblatt
VR	=	Verwaltungsrat
VVDStR	=	Veröffentlichungen der Vereinigung der Deutschen Staatsrechtslehrer, Berlin (Band, Seite)
VwGO	=	Verwaltungsgerichtsordnung vom 21. 1. 1960 (SaBl. 173)
WDR	=	Westdeutscher Rundfunk Köln
WDRG	=	Gesetz über den „Westdeutschen Rundfunk Köln" vom 25. 5. 1954 (*Herrmann*, Gesetze, S. 159 ff.)
WDRS	=	Satzung des Westdeutschen Rundfunks Köln vom 27. 1. 1956 (*Herrmann*, Gesetze, S. 171 ff.)
WDRVO	=	Erste Verordnung zum Gesetz über den „Westdeutschen Rundfunk Köln" vom 2. 2. 1956 (*Herrmann*, Gesetze, S. 170)
WRV	=	Die Verfassung des Deutschen Reiches (Weimarer Verfassung) vom 11. 8. 1919 (RGBl. S. 1383)
z. B.	=	zum Beispiel
ZDF	=	Zweites Deutsches Fernsehen
ZDF-Heft	=	Schriftenreihe des Zweiten Deutschen Fernsehens (Nr., Seite)
ZDF-Jahrbuch	=	Zweites Deutsches Fernsehen — Jahrbuch 1962 bis 1964)
ZDFS	=	Satzung der gemeinnützigen Anstalt des öffentlichen Rechts „Zweites Deutsches Fernsehen" vom 2. 4. 1962 (*Herrmann*, Gesetze, S. 194 ff.)
ZDFStV	=	Staatsvertrag über die Errichtung der Anstalt des öffentlichen Rechts „Zweites Deutsches Fernsehen" vom 6. 6. 1961 (*Herrmann*, Gesetze, S. 181 ff).
Ziff.	=	Ziffer
z. T.	=	zum Teil
zw.	=	zwischen

Vorbemerkung

In der Bundesrepublik Deutschland und in Westberlin bestehen auf landesrechtlicher Grundlage neun öffentlich-rechtliche Rundfunkanstalten.

Eine Reduzierung dieser Anstalten wird in der Öffentlichkeit[1] aus finanziellen, technischen und strukturellen[2] Gründen erwogen. Bisher publizierte Fusionsmodelle[3] sehen im wesentlichen die Zusammenlegung der Anstalten im norddeutschen und südwestdeutschen Raum vor.

Die verfassungsrechtliche Zulässigkeit von Fusionsmaßnahmen ist in materieller und formeller Sicht zu untersuchen. In die Untersuchung miteinzubeziehen sind die bereits bestehenden oder geplanten Kooperationsformen der Länderrundfunkanstalten[4].

---

[1] *Von Bismarck, Kühn, Schulze-Vorberg, Martin, Ertl, Betz* (sämtlich zitiert bei *Glotz,* RuF 1967, S. 376/378); *Reichert,* Kampf um die Autonomie, S. 287.

[2] *Reichert,* a.a.O., S. 287 („Vereinigung homogener Kulturlandschaften").

[3] Vereinigung von NDR und RB mit Weiterführung des SFB als ARD-Studio sowie das „Quadriga-Modell", das eine weitgehende Kooperation von SWF, SR, SDR und HR vorsieht *(Glotz,* a.a.O., S. 381).

[4] Es wird hierbei auf die entsprechenden Länderabkommen, Verwaltungsvereinbarungen und sonstigen Absprachen verwiesen, die zusammenfassend im Anhang 1 dargestellt sind.

Erstes Kapitel

Die verfassungsrechtliche Stellung des Rundfunks

A. Der Programmbegriff

Das Phänomen Rundfunk ist als Gegenstand der Untersuchung zunächst auf seine verfassungsrechtliche Begriffsqualität hin zu untersuchen[1]. Hörfunk und Fernsehen sind dabei als rechtseinheitliches Institut unter der Gesamtbezeichnung „Rundfunk"[2] zu verstehen, da sich aus den entsprechenden Rechtsnormen wesensgebundene Abweichungen beider Teilbereiche nicht ergeben.

§ 1 Der normative Rundfunkbegriff

Das Grundgesetz enthält keine Begriffsbestimmung des Rundfunks. Es stellt in Art. 5 Abs. 1 lediglich dar, was es unter dem Recht der freien Meinungsäußerung versteht. Das Wort „Rundfunk" wird nur im Zusammenhang mit der Gewährleistung einer freien Berichterstattung (Absatz 1 Satz 2) erwähnt.

In den geltenden Landesverfassungen kommt das Wort „Rundfunk" an zwei Stellen[3] vor. Auch hier erscheint es ohne nähere Erläuterungen. Es wird ausschließlich im Zusammenhang mit der Informationsfreiheit verwendet.

Die Rundfunkgesetze bzw. Rundfunkstaatsverträge der Länder enthalten den Versuch einer Begriffsverdeutlichung unter der Rubrik „Aufgaben".

Besonders deutlich ist die Formulierung in § 1 des Rundfunkgesetzes für den „Süddeutschen Rundfunk"[4]. Danach dienen Rundfunksendungen der „Veranstaltung und Übermittlung von Darbietungen aller Art unter Benutzung elektrischer Schwingungen in Wort, Ton und Bild, soweit sie sich an die Allgemeinheit wenden"[5]. Dem überwiegend tech-

---

[1] *Krüger* (Verfassungsgefüge, S. 3) spricht von der Notwendigkeit „sachgerechter Aufbereitung der landläufigen Vorstellung des Rundfunks".
[2] So ausdrücklich § 1 Abs. 1 SRG.
[3] Art. 15 Abs. 5 breVf; Art. 13 heVf.
[4] *Herrmann*, Gesetze, S. 119.
[5] Die entsprechenden Texte der übrigen Rundfunknormen weichen im wesentlichen nicht inhaltlich, sondern nur in der Knappheit der Aussage

nisch geprägten Aufgabenbegriff steht die politisch formulierte Programmforderung der ebenfalls landesrechtlich gebildeten Anstalt des öffentlichen Rechts „Zweites Deutsches Fernsehen" gegenüber. Den Fernsehteilnehmern, so heißt es[6], soll in ganz Deutschland ein „objektiver Überblick über das Weltgeschehen, insbesondere ein umfassendes Bild der deutschen Wirklichkeit" vermittelt werden. Beide Formulierungen lassen indes eine exakte verfassungsrechtliche Aussage über die funktionale Stellung des Rundfunks noch nicht zu. Begriffsbestimmendes Material kann daher nur aus der Organisations- oder Programmstruktur des Rundfunks gewonnen werden.

§ 2 Organisationsstrukturelle Interpretation

I. Technik

Die durch das Reichsgericht[7] gegebene juristische Begriffsbestimmung des Telegraphenwesens, die *Scheuner*[8] und *Lademann*[9] auch für den Rundfunk gelten lassen wollen, kann allenfalls den externen Sendebereich, nicht gleichzeitig aber auch den internen Studiobereich betreffen. „Nachrichtenbeförderung"[10] meint die drahtlose Übermittlung des Programms auf elektronischem Wege. Insoweit sind die Rundfunksender Funkanlagen und gehören entsprechend § 1 Abs. 1 FAG zum Fernmeldewesen im Sinne des Art. 73 Nr. 7 GG[11]. Herstellung und Aufzeichnung sendefertiger Ton- und Bildsignale sind indes Aufgaben der anstaltseigenen, internen Studiotechnik[12]. Beide technische Bereiche bilden additiv den elektronischen Sendekomplex Rundfunk.

Das Phänomen Rundfunk ist jedoch wesensbezogen nicht „technischer Funk", sondern es bedient sich des Funks als nur technischem Transportmittel[13]. Die technische Seite des Rundfunks ist mithin für das wesensmäßige Verständnis dieser Institution bedeutungslos[14], ohne daß es hier näher auf das Verhältnis von Art. 5 Abs. 1 Satz 2 GG und Art. 73 Ziffer 7 GG ankommt.

---

voneinander ab; bayRG Art. 2, heRG § 2, StVNDR § 3, breRG § 2 Abs. 1, SFBS § 2, SDRG § 1, StVSWF § 3 Abs. 3, WDRG § 3 Abs. 1, SRG § 9.
[6] StVZDF § 2.
[7] RGSt 19, S. 55 (58).
[8] Zuständigkeit, S. 340.
[9] Zitiert bei *Scheuner*, a.a.O., S. 340.
[10] RGST 19, S. 55 (58).
[11] BVerfGE 12, S. 205 (226).
[12] BVerfGE 12, S. 205 (227).
[13] BVerfGE 12, S. 205 (226 f.); *Moser*, JZ 1951, S. 70 (71, li. Sp.).
[14] *Krüger*, Verfassungsgefüge, S. 45.

II. Verwaltung

Die organisatorische Seite des Rundfunks scheint von *Mangoldt*[15] der technischen zuzurechnen. *Hans Schneider*[16] spricht von „innerer Organisation" und bringt diese in einen Sachzusammenhang mit dem Programm. *Moser*[17] reduziert den Rundfunk grundsätzlich auf die Funktionsbereiche Technik und Programm. Die auch heute noch herrschende Auffassung[18] geht von der Dreiteilung des Rundfunks aus.

Welchen funktionalen Gehalt man der Verwaltung im Organisationsgefüge des Rundfunks aber auch beimißt, eine entscheidende Bedeutung kommt ihr nicht zu. Verwaltung ermöglicht organisationstechnisch nur das Funktionieren der Strukturblöcke Technik und Programm[19]. Ihr Integrationscharakter, der ihr nur Raum zu einem nebengeordneten Eigenleben beläßt, gibt zu einer verfassungsrechtlichen Begriffsfestlegung nichts her.

III. Programm

Die redaktionellen Organisationsstrukturen[20], die sich im wesentlichen in die Hauptabteilungen Politik, Kulturelles Wort, Musik und Unterhaltung sowie beim Fernsehen zusätzlich in Fernsehspiele, Sonder- und Regionalprogramme gliedern, lassen nur in beschränktem Umfang erkennen, welche Bedeutung einzelnen Programmsparten innerhalb des Gesamtprogramms zugemessen wird. Die Hauptabteilung Politik ist der Programmdirektion in der Regel zusammen mit den anderen Hauptabteilungen nachgeordnet. Nur im Organisationsschema des ZDF[21] steht sie gleichrangig neben der Programmdirektion. In die Hauptabteilung Politik sind neben den traditionell ressortnahen Programmsparten Zeitfunk und Wirtschaftsfunk auch die Abteilungen Sport[22], Sozialfunk[23] und Frauenfunk[24] integriert. Selbst dieser organisatorisch weitgesteckte Funktionskreis „Politik" läßt indes eindeutige Begriffsfolgerungen noch nicht zu. Soweit das Verständnis politischer Programmleistungen in einzelnen Fällen auch durch organisationstech-

---

[15] BGG, S. 394.
[16] Heranziehung, S. 18 ff.
[17] JZ 1951, S. 70 (71, r. Sp.).
[18] Cfr. Material bei *Lüders*, Die Zuständigkeit zur Rundfunkgesetzgebung, 1953, S. 39 ff.
[19] So auch *Leiling*, Gesetzgebungsbefugnis, S. 61.
[20] IHB 30 C ff.
[21] ZDF-Jahrbuch, S. 63.
[22] Bis auf den NDR (IHB 50 C) und den WDR (IHB 72 C).
[23] Erwähnt beim HR (IHB C 45), NDR (IHB C 50), SR (IHB C 67), SFB (IHB 72 C).
[24] Beim SR (IHB C 67), SWF (IHB 86 C).

nische Akzentverschiebungen verdeutlicht wird, eine essentielle Aussage über das Verhältnis zu den programmzeitlich herausragenden Sendeblöcken „Musik" und „Kulturelles Wort" liegt damit noch nicht vor. Gerade auf die funktionsbezogene Sicht der nicht traditionell politischen Sendungen aber kommt es an, wenn der Begriff „Rundfunk" einheitlich gefaßt werden soll.

§ 3 Programmstrukturelle Interpretation

I. Rundfunk als Kulturträger

Das Wesen des Rundfunks wird von mehreren Autoren[25] im kulturellen Bereich gesehen. Diese Annahme gründet sich, ohne daß hierzu an irgendeiner Stelle ausdrücklich Bezug genommen wird, auf die programmgeschichtlichen Anfänge des Rundfunks sowie auf die Relationen zwischen den im Programmfächer vereinten Redaktionsleistungen.

Gerade die historischen Auffassungen über den Rundfunk haben sich jedoch entscheidend gewandelt. Als Beispiel hierfür sei die Umschichtung im Berufsbild der Rundfunkintendanten erwähnt. Unter dem typischen Kulturverständnis des Rundfunks in seiner Anfangszeit[26] wurden seinerzeit als Intendanten u. a. der vormalige Generalintendant der Weimarer Bühnen und als Neuromantiker bekannte *Ernst Hardt*[27], der Opernfachmann *Ludwig Neubeck*[28] und der Literat *Fritz Walter Bischoff*[29] berufen[30]. Die gegenwärtige Berufungspolitik verdeutlicht dagegen das abgewandelte Verständnis des Rundfunks. So befinden sich unter den Intendanten der neun Landesrundfunkanstalten[31] vier Journalisten[32], zwei Juristen[33], zwei Vertreter des Bildungs- und Sozialwesens[34] sowie ein Pfarrer[35]. Historisch läßt sich mithin an diesem markanten Beispiel das Kulturverständnis des Rundfunks nicht nachweisen.

---

[25] *Haensel*, DVBl. 1957, S. 452, r. Sp.; *Hoffmann*, a.a.O., S. 779; *Köttgen*, Kulturpflege, S. 186; *Löffler*, BB 1956, S. 729, li. Sp.; *Magnus*, DöV 1952, S. 593/594, li. Sp.; *Maunz*, zitiert bei *Peters*, Zuständigkeit, S. 16; *Moser*, JZ 1951, S. 71, r. Sp.; *Ridder*, Kirche—Staat—Rundfunk, S. 33.
[26] In den ersten Programmstatistiken des deutschen Rundfunks war „Politik" nicht einmal aufgeführt!
[27] In Köln.
[28] In Leipzig.
[29] In Breslau (nach 1945 beim SWF in Baden-Baden).
[30] *Pohle*, Instrument der Politik, S. 71.
[31] Ermittelt aufgrund der Angaben im IHB und in „Wer ist wer", Bd. I (West), Berlin 1967.
[32] RB (IHB C 59), SDR (IHB C 76), SFB (IHB C 71), SWF (IHB C 86).
[33] NDR (IHB C 51), SR (IHB C 66).
[34] BR (IHB C 30), WDR (IHB C 95).
[35] HR (IHB C 44).

Der Anteil der traditionell als Kulturbeiträge verstandenen Sendungen am Gesamtprogramm des Hörfunks beträgt gegenwärtig noch rund 50 %[36]. Im I. Fernsehprogramm der ARD sowie im Programm des ZDF ist dieser Anteil bereits unter die 50 %-Grenze[37] gesunken, so daß auch programmstatistisch nicht von einem kulturellen Primat der Sendungen gesprochen werden kann.

II. Publizistischer Rundfunk

Die Diskrepanz zwischen dem historischen Verständnis und der präsenten Programmtypung des Rundfunks versuchen einige Autoren begriffstechnisch in der Weise zu überbrücken, indem sie eine Mischform von Programmelementen annehmen.

Am weitesten vom Kulturverständnis entfernt sich dabei *Scheuner*[38], der im Rundfunk keine Angelegenheit der Kultur, sondern der Nachrichtenübermittlung und der freien persönlichen Betätigung sieht, sowie *Lenz*[39], der den Rundfunk schon aus „technischen und rechtlichen" Gründen als politicum betrachtet.

Zwischen diesen extremen Meinungen ist die Mehrzahl der Auffassungen angesiedelt, die eine funktionale Bivalenz des Programms ausdrücklich bejaht. Danach sind im Rundfunkprogramm sowohl kulturelle als auch politische Elemente enthalten, die sich entweder gleichwertig gegenüberstehen[40] oder primär von kultureller[41] oder politischer[42] Bedeutung sind.

Diese dualistischen Auffassungen entsprechen weitgehend dem statistischen Programmbild; sie führen die redaktionelle Komplexität des

---

[36] z. B. *Europawelle Saar* (SR): 53,71 %, davon 38,71 % Unterhaltungsmusik (IHB 68 C).

[37] Reduziert man die in der Programmstatistik der *Michel-Kommission* aufgeführten Sendeanteile um die traditionell nicht in der Hauptabteilung Politik ressortierenden Programmteile (Zeitgeschehen, Wochenspiegel, Dokumentarberichte, Sport) sowie um Programmverbindungen und Werbesendungen, so verbleiben als „kulturelle" Beiträge für das Fernseh-Gemeinschaftsprogramm der ARD (I. Programm) 48,9 % (*Michel-Kommission*, S. 270/271) und für die ausgestrahlten Sendungen des *Zweiten Deutschen Fernsehens* (II. Programm) 40,4 % (*Michel-Kommission*, S. 272/273).

[38] Zuständigkeit, S. 330.

[39] Soziologie, S. 44.

[40] *Eberhard*, Rundfunkhörer, S. 246; *Herrmann*, AöR Bd. 90 (1965), S. 286 (312); *Loehning*, DÖV 1953, S. 193, r. Sp.; *Magnus*, Der Rundfunk, S. 10, 110; *Pohle*, Instrument der Politik, S. 19; *Stern*, Funktionsgerechte Finanzierung, S. 38; *Thieme*, AöR Bd. 88 (1963), S. 38 (40); *Volle*, Problematik, S. 68.

[41] *Leiling*, Neuordnung, S. 54; *Meyn*, Massenmedien, S. 82; *Ridder*, Kirche—Staat—Rundfunk, S. 44/45.

[42] *Lerche*, Rechtsprobleme, S. 5; *Hans Schneider*, Rundfunk als Bundesaufgabe, S. 420; *Wenke*, NWDR-Denkschrift, S. 45.

Ausgestrahlten in systematischer Weise auf zwei Faktoren zurück. Indes läßt sich auch hierdurch der Rundfunk noch nicht begriffsklar als verfassungsrechtliches Institut einordnen. Dies veranschaulicht insbesondere *Lerche*[43], der zwischen einem publizistischen und einem juristischen Programmbegriff unterscheidet. Da seiner Auffassung nach eine Aussage über die Rechtsnatur des Programms wegen der Komplexität des „publizistischen" Teils nicht möglich ist, unterbricht er die Untersuchung am bestehenden Programmodell und etabiliert einen juristischen Programmbegriff, indem er zwei Rechtsgüter des Art. 5 Abs. 1 GG (die Berichterstattung nach Abs. 1 Satz 2 und die Information nach Abs. 1 Satz 1) als verfassungsrechtliche Kriterien für eine Untersuchung der Programmstruktur heranzieht. In Konsequenz zu dieser Auffassung muß *Lerche* jede einzelne redaktionelle Programmleistung auf den charakteristischen Aussagewert reduzieren, „um den relevanten inneren Zusammenhang zu einem verfassungslegitimierten Programmtyp zu messen"[44]. Es müßte seinem Verständnis nach jeweils analytisch festgestellt werden, ob und in welchem Grade „meinungsbildende" Faktoren einem Programmangebot immanent sind. In ähnlicher Weise äußert sich auch *Spanner*[45] zu diesem Problem.

Der theoretische Weg der Aussagenanalyse erweist sich indes nicht als praktikabel. Das Problem wird durch diese Konstruktion nur verlagert; denn die erforderliche Meßtechnik hat notwendig zur Voraussetzung, daß die Analyse der Bedeutungsinhalte „meinungsbildender" Faktoren beherrscht und allgemein anerkannt wird. *Lerche* und *Spanner* bieten jedoch keine Kriterien für diese analytische Methode an. Sie können auch auf keine bereits in die Diskussion eingebrachte entsprechende Theorie verweisen. Mithin handelt es sich lediglich um eine interessante akademische These, nicht aber um eine praktikable Lösung.

Hans Schneider[46] bemüht sich offenbar, das Problem der Analyse zu umgehen, indem er eine wesensbezogene Betrachtung der Gesamtprogrammleistung vorschlägt. Er läßt dabei den Programmblock „Kulturelle Aufgaben"[47] unaufgelöst bestehen und versteht den Rundfunk seinem Wesen nach als ein Publikationsinstitut, das vorwiegend der aktuellen Nachrichtenübermittlung dient. Diese Konstruktion erscheint indes nur vordergründig als optimaler Lösungsversuch. Bedenklich ist die Prämisse, zu der *Hans Schneider* greift, indem er den Begriff „Kulturelle Aufgaben" als wesensuntergeordnete Größe im Rundfunk un-

---

[43] a.a.O., S. 5 ff.
[44] a.a.O., S. 10
[45] Ordnung des Rundfunks, S. 359.
[46] Rundfunk als Bundesaufgabe, S. 417 (420).
[47] Ebd.

aufgelöst voraussetzt. Diese Voraussetzung räumt die Begriffs- und Interpretationsschwierigkeiten nicht aus. Die These, daß der zeitlich größte Programmblock in der Bedeutung dem wesentlich kleineren Nachrichtenblock unterzuordnen sei, muß erst noch kritisch untersucht und kategorial determiniert werden.

III. Politische Institution Rundfunk

1. Politik im komplexen Programmbild

Der Anteil der traditionell als politisch verstandenen Sendungen beträgt im Hörfunk einheitlich in allen Programmen der Landesrundfunkanstalten maximal 25 %[48], im Fernsehgemeinschaftsprogramm der ARD 35,5 %[49], im Programm des ZDF 31,2 %[50]. Bei allen Programmträgern ist ein kontinuierlicher Anstieg der Zahl politischer Sendungen festzustellen. Das Informationsangebot hat sich sowohl absolut als auch relativ zum Gesamtprogramm erhöht[51]. Dennoch läßt sich anhand der gegebenen statistischen Größen und des nachweisbaren Trends zur Angebotssteigerung in der Programmsparte „Politik und Zeitgeschehen"[52] die funktionale Monovalenz des Rundfunks noch nicht nachweisen.

2. Politische Funktion nach den Sendegrundsätzen

Die Landesrundfunkgesetze bzw. Staatsverträge, die unter der Rubrik „Aufgaben"[53] keine Definition des Rundfunks als politische Institution erbracht haben, enthalten im Abschnitt „Sendegrundsätze" Formulierungen, die teilweise über formale Leitgedanken hinausgehen und Möglichkeiten begriffsessentieller Aussagen aufscheinen lassen. So soll das Programm beim NDR[54] und SR[55] die demokratische Freiheit verteidigen. So wird die Mehrzahl der Anstalten[56] aufgefordert zum Dienst am Frieden und an der Völkerverständigung. So ergeht in der Satzung des „Süddeutschen Rundfunks"[57] eine programmatische Auf-

---

[48] Als Beispiele: SWF (IHB C 89) = Politik und Zeitgeschehen 25 %; SR *Europawelle Saar* (IHB 68 C) nur ca. 13 %.
[49] Davon 8,5 % Tagesschau und Wochenspiegel und 27 % Zeitgeschehen (*Michel-Kommission*, S. 270/271).
[50] Davon 3,4 % Dokumentarberichte (*Michel-Kommission*, S. 272/273).
[51] *Michel-Kommission*, S. 142.
[52] Diese Bezeichnung führen die entsprechenden Hauptabteilungen beim HR (IHB C 45), SDR (IHB 76 C) und SWF (IHB 86 C).
[53] s. II. Kapitel A § 1.
[54] StVNDR § 4 Abs. 2.
[55] SRG § 10 Abs. 2.
[56] HRG § 3 Abs. 2; StVNDR § 4 Abs. 2; RBG § 2 Abs. 1 Ziff. 4; SFBG § 3; StVSWF § 5 Abs. 1; WDRG § 4 Abs. 2.
[57] SDRS § 2.

forderung an das „deutsche Rundfunkwesen", „auf dem Wege zur Schaffung eines freien, demokratischen und friedliebenden Deutschlands... die menschlichen Ideale von Wahrheit, Toleranz, Gerechtigkeit, Freiheit und Achtung vor den Rechten der individuellen Persönlichkeit" zu fördern. Diese Formulierungen sind politische Generalklauseln, die nur von der Diktion her zu recht unter „Sendegrundsätze" rubrizieren, sinngemäß aber — zumindest teilweise — in den Abschnitt „Aufgaben des Rundfunks" gehören. Die Position dieser Generalklauseln innerhalb des Normengefüges, in dem sie untergebracht sind, macht deutlich, wie zaghaft die Rundfunkgesetzgeber an die eigentliche Standortbestimmung des Rundfunks herangingen. Die Rundfunkaufgabe wird im wesentlichen als technische Versorgung des Zuständigkeitsbereiches umschrieben, die funktionale Bedeutung dieser Institution aber durch ein Ausweichen bei der Bestimmung des Programmzwecks in Sendegrundsätze unsichtbar gemacht. Diese Unsicherheit der Gesetzgeber hat dazu beigetragen, das Phänomen Rundfunk in einem weitgesteckten Bedeutungsfeld oszillieren zu lassen und dadurch die verfassungsrechtliche Standortbestimmung zu erschweren.

3. Historischer Funktionswandel

Deutlicher als die geltenden legislatorischen Auffassungen vom Wesen des Rundfunks erweisen sich die im Jahre 1932 von den Vereinigten Ausschüssen des Reichsrates beschlossenen Leitsätze. Hierin wird dem Rundfunk die unmißverständlich gefaßte Aufgabe (sic!) gestellt, „die Deutschen zum Staatsvolk zu bilden und das staatliche Denken der Hörer zu formen und zu stärken"[58]. In dieser Formulierung wird die spezifisch politische Funktion des Rundfunks erstmals evident gemacht. Es kann im Rahmen dieser Untersuchung dahingestellt bleiben, inwieweit diese Begriffsfixierung durch die Erkenntnis beeinflußt wurde, daß die Permeabilität des Rundfunks für politische Beeinflussung neue Wege verlängerter staatlicher Herrschaftsgewalt erschloß. Zum Staatsorgan wurde der Rundfunk nicht erst durch die Neuregelung im Jahre 1932; potentiell war er es bereits bei seiner Konstituierung im Jahre 1926[59]. Die „Feuertaufe des Rundfunks" als Instrument der Politik fand spätestens in den Krisenwochen des Sommers 1931 statt[60]. Von hier aus bis zum „Rundfunk als lebensformende Macht"[61], zur totalen Politisierung dieser Einrichtung, bedurfte es nur eines kurzen geschichtlichen Schrittes. Die negative Tendenz innerhalb dieser Entwicklung wird verdeutlicht, wenn man den Weimarer Rundfunk der natio-

---

[58] *Magnus*, Der Rundfunk, S. 22.
[59] *Pohle*, Instrument der Politik, S. 150.
[60] *Pohle*, a.a.O., S. 101.
[61] Nationalsozialistisches Zitat bei *Pohle*, a.a.O., S. 341.

nalsozialistischen Sendepraxis gegenübergestellt: hier Wiederspiegelung differenter politischer Meinungen, dort unstreitig manipulierende und regulierende Kundgaben politisch homogener Inhalte.

4. Gegenwärtiges Machtverständnis

Die historischen Anfänge politischer Effizienz des Rundfunks haben wesentlich dazu beigetragen, diese Institution in zunehmendem Maße als ein „potentielles Machtmittel allerersten Ranges"[62] zu begreifen. Die politische Machtposition wird dabei in der Regel von der Endstufe der Programmleistung, der Rezeptionsphase, aus gesehen; denn erst in der korrespondierenden Aktion des Rezipienten zeigt sich das Resultat der im Programmangebot enthaltenen Wirkungstendenz. Es kann in diesem Zusammenhang dahinstehen, ob die erzielte Endwirkung adaptiv oder reflektiv erzeugt wurde. Es ist Aufgabe der sozialpsychologischen Disziplin, die Interdependenz von Rundfunkanstalt und Rezipienten im Einzelnen noch transparent zu machen. Die hierfür zuständige Wirkungsforschung, die sich mit den wichtigsten Interdependenzfragen[63] und Selektionsmethoden[64] befaßt, hat bereits die ersten analytischen Schritte getan[64a].

Abseits dieser sozialpsychologisch erst noch zu fassenden Wirkungstheorien muß die nachgewiesene politische Endwirkung des Programms im Sinne des rundfunkbezogenen Machtverständnisses *Werner Webers*[65] nun von der anderen Seite her ergänzt werden. Gegenstand der Untersuchung ist dabei die Intention des Rundfunkprogrammes, das rein phänomenologisch zunächst in komplexer Weise aufscheint.

5. Funktionale Einheitstheorie

a) Kompositäre Programmleistungen

Neben den formal ungemischten Programmteilen[66] haben sich additiv gebildete Programmblöcke gebildet, die im Programm als „Magazin-

---

[62] *Werner Weber*, NWDR-Denkschrift, S. 63; übereinstimmend: *Ipsen*, Rundfunkgebühr, S. 20, *Krüger*, Verfassungsgefüge, S. 20, *Pohle*, a.a.O., S. 19, *Ridder*, Meinungsfreiheit, S. 243 (271), *Thieme*, AöR Bd. 88 (1963), S. 38 (41).

[63] *Dröge*, RuF 1968, S. 34 (36).

[64] *Dröge*, a.a.O., S. 37.

[64a] Ergebnisse aus USA und England in „Wirkungen des Fernsehens" (Bd. 3 der Studien zur Massenkommunikation, Hans-Bredow-Institut, Hamburg) von James D. Halloran.

[65] Ebd.

[66] Politische Nachrichten, Kammermusik etc.

sendungen"[67] sowie als Beiträge mit Informationsgehalten in dramaturgischer Form[68] erscheinen.

Beiden Aussageformen gleich ist die Mischform verschiedener formaler Programmteile, wie Musik, Nachrichten, Interviews, Programmhinweise und verbindende Texte des Moderators. Der traditionell begriffene Unterhaltungsteil steht hier nicht nur neben den rein politisch verstandenen Beiträgen, sondern wird programmpsychologisch unauflösbar in sie integriert. Die Unterhaltung erscheint damit zwar noch nicht als politischer Faktor[69] im eng umgriffenen Sinne, verliert aber zumindest seine spezifisch „kulturelle" Signifikanz, die ihr außerhalb der komplexen Programmform generell zugestanden wird. Sie erhöht als funktionale Gestaltungsform die Ansprechbarkeit des Rezipienten[70] für politische Mitteilungen. *Haacke*[71] weist mit Recht darauf hin, daß Unterhaltung niemals zufällig neben Nachricht und Meinung gesetzt worden sei[72].

b) Originäre Programmleistungen

Programmteile, die als rein kulturelle Sendungen verstanden werden, sind zunächst in Wort- und Musikprogramme zu unterteilen.

Soweit es sich um das „Unterhaltende Wort"[73] handelt, werden von diesem Begriff vor allem literarische und pädagogische Inhalte erfaßt[74]. Sie gehen in Selektion und zeitlicher Programmdisposition von einem Bildungsverständnis aus, das niemals apolitisch gedacht werden kann[75]. Aussagen, die formal in dramaturgischer Form gebildet werden, haben ebenfalls einen politischen Gehalt, da sie notwendig stets von einem gesellschaftlichen Strukturbild ausgehen[76]. Sie können das soziale und

---

[67] *Mittagsmagazin* des WDR, *Echo am Morgen* des SFB, RIAS-*Rundschau* etc.

[68] Dokumentar-, hör- und Fernsehspiele.

[69] Die Dimensionen des Politischen sind bisher noch von keiner wissenschaftlichen Disziplin eindeutig bestimmt worden, werden aber an dieser Stelle in ihren Grenzwerten auch nicht benötigt.

[70] *Pohle*, a.a.O., S. 237; *Wilkens*, Aufsicht, S. 97.

[71] Meinungsbildung, S. 36.

[72] Das historische Beispiel der Possenspiele des Mittelalters zeigt, wie durch unterhaltende szenische Darstellung klösterlicher Sittenverderbnis spätere Reformen meinungsbildend vorbereitet werden konnten (*Haacke*, a.a.O.).

[73] z. B. BR (IHB 30 C), NDR (IHB 52 C).

[74] „Literarisch" meint nicht nur das rezitierte Dichterwort, sondern auch die kabarettistische Sendung, die Dokumentation und die „kulturelle" Information.

[75] *Borinski*, NWDR-Denkschrift, S. 29 (41); *Weniger*, NWDR-Denkschrift, S. 13.

[76] Nach *Lenz* (Soziologie, S. 58) spiegelt sich jedes Regime in den Bildern, die durch Apparaturen der öffentlichen Meinung projiziert werden.

damit auch das politische Bewußtsein der Rezipienten — ebenso wie im kompositären Programmbereich — nachhaltiger beeinflussen als ein „rein politischer" Beitrag.

Der ausgeprägte Bildungsfunk, der den Kinder-, Jugend-, Schul- und Hochschulfunk umfaßt, erhellt insbesondere, daß der Sendeinhalt ohne ein determiniertes Verständnis politischer Erziehungsziele nicht gestaltet werden kann, denn Bildung ist zugleich immer auch als Meinungsbildung zu verstehen[77]. Dieser Einsicht entspricht ein Leitsatz des ZDF[78], wonach ein Bildungsprogramm im Fernsehen nicht nur bloßes Wissen vermitteln kann, sondern vielmehr der geistigen Orientierung in einer sich wandelnden Welt zu dienen hat.

Politische Signifikanz ist aber auch den Kirchenfunksendungen zuzuerkennen. Religion wurde nicht nur in den antiken Stadtstaaten als „Teil des politischen Lebens einer politischen Gesellschaft"[79] begriffen. Gegenwärtig reift ein im wesentlichen gleichgerichtetes Verständnis heran. Der dabei geprägte Begriff der Öffentlichkeit der Kirche geht zunächst auf zwei wesensdifferente Aussagen zurück[80]. Danach wird bereits die Verkündigung des Evangeliums[81] von ihrem Grundverständnis her als öffentlich begriffen. Zum anderen erscheint die Kirche im öffentlichen Leben aber auch als institutioneller Faktor[82]. Substanz und Form haben sich notwendig zu einer Effektivitätseinheit verbunden, um in der Öffentlichkeit funktional wirken zu können.

Spricht aber die Kirche Gruppen und Einzelne in ihrer „öffentlichen Verhaftung"[83] als Glieder der existenten weltlichen Ordnungen an, so bietet sie dadurch nicht nur einen „notwendigen Bezug zu den natürlich-sittlichen Lebensbetätigungen"[84], sondern bildet Meinung mit, indem sie predigt und lehrt und damit Verhaltensweisen sowie untergründige Überzeugungen und Denkformen als essentielles Organverhalten öffentlichen Lebens beeinflußt[85]. Die Kirche steht in „Konfrontation mit der Zeit"[86], die vom Wesensgehalt her politisch bestimmt ist.

---

[77] *Von Kortzfleisch*, Verkündigung, S. 15.
[78] ZDF-Jahrbuch, S. 65.
[79] „Religion was an aspect of the political life of a political society: it was not another life and it entailed no other society..." (*Barker*, zitiert bei Verdross-Drossberg, Grundlinien, S. 1 Anm. 3).
[80] *Von Kortzfleisch*, a.a.O., S. 94.
[81] Entsprechend der Missionsorder in Matth. 28, 18—20.
[82] *Von Kortzfleisch*, a.a.O., S. 95.
[83] *Niemöller*, zitiert bei *Conrad*, Öffentlichkeitsauftrag der Kirche, S. 81.
[84] *Eichmann-Mörsdorf*, Lehrbuch, S. 63.
[85] *Von Kortzfleisch*, a.a.O., S. 14.
[86] *Auer*, Alfons, Wer braucht den Kirchenfunk? in: *Hören und Sehen*, Frankfurt/M. 1962, S. 33 (34/35).

A. Der Programmbegriff

Kirchenfunk läßt sich daher in seinem Beziehungsgehalt nicht auf den transzendental ausgerichteten „locus classicus"[87] reduzieren, der lange Zeit außerhalb jeden politischen Lebens verstanden wurde, sondern zeugt in seinen Sendeinhalten von einem gewandelten hermeneutischen Verständnis, das dem christlichen Glauben die Welt als Ort des Glaubens[88] und damit auch die Öffentlichkeit in ihren politischen Lebensprozessen als Adressat zuweist.

Unweit der politischen Begrifflichkeit rein literarischer, pädagogischer und religiöser Sendungen ist auch das Verständnis musikalischer Ausdrucksformen im Rundfunkprogramm angesiedelt. Der Wert der Musik für die politisch elitäre Erziehung des Menschen geht schon auf antike Anschauungen zurück. So wurde Kunst im umfassenden Sinne sowohl von Pythagoras[89] als auch von Platon[90] mit der Aufgabe bedacht, staatliche Weltanschauung künstlerisch zu formen und die Staatserziehung der Bürger unter der Herrschaft des Apollon und der Musen durchzuführen. Außerhalb pädagogischer Intentionen lassen sich Opernübertragung und musikalische Darbietungen generell aber auch als Information und Nachrichtengebung im weitgehenden Sinne verstehen[91].

Unterhaltungssendungen in ihrem tradierten Sinne sind deshalb nicht nur „Ablenkung und Hinlenkung in ambivalenter Weise", wie es *Arndt*[92] in mehr psychologisierender Weise formuliert, sondern Sendungen mit eigenem politischen Grundgehalt[93].

Handelt es sich aber im gesamten Programmbereich um politica, die intrastrukturell nur formal, qualitativ und quantitativ differieren, nicht aber funktional, so folgt daraus notwendig, daß der Rundfunk seinem gesamten Wesen nach eine politische Institution ist[94].

---

[87] *Ebeling*, Gerhard, Das Wesen des christlichen Glaubens, Tübingen 1959, S. 200.

[88] *Ebeling*, a.a.O., S. 199, 203; *Conzelmann*, Hans, Grundriß der Theologie des Neuen Testaments, München 1967, S. 195.

[89] *Verdross-Drossberg*, a.a.O., S. 112.

[90] In den „Nomoi" und in der „Politeia" (zitiert bei *Verdross-Drossberg*, a.a.O., S. 103/104).

[91] *Hans Schneider*, Rundfunk als Bundesaufgabe, S. 421.

[92] Begriff und Wesen, S. 9.

[93] „politisch" hier im generellen Sinne von Öffentlichkeitsbezogenheit. So auch *Maunz* (Gesetzmäßigkeit, S. 5, r. Sp.), wenn er davon spricht, daß in allem, was der Belehrung und Unterhaltung dient, ein öffentlicher Zweck erblickt werden kann.

[94] Die psychologisch-intentionale Seite hat *Maletzke* (Psychologie, S. 90 ff.) eingehend dargestellt.

B. Der Rundfunk im grundgesetzlichen System der „Meinungsfreiheit"

§ 1 Die „Rundfunkfreiheit"

Im Grundgesetz wird der Rundfunk nur an einer einzigen Stelle erwähnt (Art. 5 Abs. 1 Satz 2). Die dort garantierte Freiheit der Berichterstattung durch den Rundfunk wird in der juristischen und publizistischen Diskussion teilweise als „Rundfunkfreiheit"[95] bezeichnet. Gegen diesen Begriff wenden sich vor allem *Lenz*[96], *Mallmann*[97] und *Ridder*[98]. Sie machen mit Recht geltend, daß der Bedeutungsgehalt dieses Wortes juristisch unscharf ist und zum Verständnis des Rundfunks nicht beiträgt.

Die Freiheit der Berichterstattung begründet für sich allein noch keine befriedigende Position des Rundfunks im Verfassungsgefüge. Die Berichterstattung ist für diese Institution weder das allein bestimmende noch das herausragende Essential. Es bedarf einer weitergehenden Begriffsanalyse, die über den unergiebigen Begriff des Berichtens hinausgeht.

Weshalb sich die Verfasser des Grundgesetzes bei der Erwähnung des Rundfunks auf die Berichterstattungsfreiheit beschränkt haben, ist nicht bekannt. Es liegen weder amtliche Begründungen noch schriftlich fixierte Motive zum Grundgesetz vor[99]. Auch die Verhandlungen des Parlamentarischen Rates und des Verfassungskonvents von Herrenchiemsee[100] sagen zu dieser Frage nichts aus.

Die Bedeutung des Rundfunks als politische Institution kann deshalb nur im Wege der Interpretation aus dem Gesamtzusammenhang des Art. 5 Abs. 1 GG erschlossen werden[101].

§ 2 Das Recht der privaten Meinungsäußerung

Redaktionell an erster Stelle in Art. 5 GG steht das Recht der freien Meinungsäußerung (Abs. 1 Satz 1), das inhaltlich als die ungehinderte Kundgabe von Wertungen, Beurteilungen, Anschauungen und Stellungnahmen verstanden wird[102].

---

[95] u. a. erwähnt in BVerfGE 12, S. 205 (249).
[96] JZ 1963, S. 338 (363).
[97] Rundfunkreform, S. 27.
[98] Kirche—Staat—Rundfunk, S. 42.
[99] *Leiling*, Gesetzgebungsbefugnis, S. 6.
[100] *Leiling* (Gesetzgebungsbefugnis, S. 8 Anm. 12) stellt bedauernd fest, daß bei den Sitzungen des Parlamentarischen Rates weder ein technischer noch ein publizistischer Rundfunkfachmann beteiligt war.
[101] So auch BVerfGE 12, S. 205 (260).
[102] *Von Mangoldt-Klein*, Anm. III zu Art. 5.

B. Der Rundfunk im grundgesetzlichen System der „Meinungsfreiheit" 29

In den Landesverfassungen findet sich diese Freiheitsgarantie ausdrücklich nur in fünf Bundesländern sowie in Westberlin[103].

Die Gewähr der Verbreitungsfreiheit, die in den Landesverfassungen nicht mehr erscheint, stellt das unabdingbare Korrelat zum Recht der Meinungsäußerung dar; denn eine Meinung kann begrifflich nur „geäußert" werden, indem sie verbreitet wird.

An systematisch falscher Stelle steht die Garantie der Informationsfreiheit, die gegenüber Art. 118 Abs. 1 Satz 1 WRV und auch Art. 7 HChE eine begrüßenswerte Verdeutlichung des Grundrechts der Meinungsfreiheit bedeutet, sinngemäß aber an die erste Stelle von Art. 5 GG gehört, da Unterrichtung oder Information überhaupt erst die Bildung einer Meinung ermöglicht[104]. In den Verfassungstexten der Länder und Westberlins wird die Informations- oder Unterrichtungsfreiheit insgesamt an drei Stellen[105] noch einmal erwähnt. Die Pressefreiheit, die anders als in der Weimarer Reichsverfassung durch Art. 5 Abs. 1 Satz 2 GG ausdrücklich unter den Schutz der Verfassung gestellt wird, erscheint an dieser Stelle zusammen mit der Freiheitsgarantie für die Berichterstattung durch Rundfunk und Film.

Komplex betrachtet enthält Art. 5 Abs. 1 GG ein doppeltes Grundrecht: aktiv die Gewähr des Berichtens, passiv die des Unterrichtens[106], oder, wie *Windsheimer*[107] es ausdrückt: das Recht des freien Gebens und Nehmens. Beide Rechte garantieren zusammen mit Art. 5 Abs. 2 und 3 GG den Individualraum, der als „Geistesfeiheit"[108] bezeichnet wird und — wie die Mehrzahl der Grundrechte — systematisch der Prämisse des Art. 1 Abs. 1 Satz 2 GG untergeordnet ist[108a].

Fraglich ist, ob diese liberal geformte Grundrechtsgewährleistung, die als negatives Statusrecht gegenüber der öffentlichen Gewalt zu begreifen ist[109], auch für den Rundfunk gilt[110]. Es ist allgemein anerkannter Grundsatz, daß der in den Grundrechten garantierte Individualrechtsschutz für Hoheitsträger generell keine Geltung hat[111]. Ob dieser grundrechtliche Sperrbezirk auch dann aufrechterhalten bleibt, wenn Hoheits-

---

[103] Art. 110 Abs. 1 bayVf; Art. 8 Abs. 1 berlVf; Art. 15 Abs. 1 breVf; Art. 11 Abs. 1 heVf; Art. 9 Abs. 2 rhpfVf; Art. 5 Abs. 1 saarlVf.
[104] So auch *Windsheimer*, Die Information, S. 68.
[105] Art. 8 Abs. 2 berlVf; Art. 15 Abs. 5 breVf; Art. 13 heVf.
[106] *Kratzer*, BayVBl. 1957, S. 79 (80, li. Sp.).
[107] a.a.O., S. 77 ff. 119 ff.
[108] *Hamann*, Grundgesetz, Anm. A I zu Art. 5.
[108a] So im Tenor auch *Maunz-Dürig-Herzog*, Anm. 29 zu Art. 5.
[109] h. M.; für alle: *Mallmann*, Rundfunkreform, S. 28.
[110] Diese Frage wird vor allem von *Bettermann*, DVBl. 1963, S. 41 (42, li. Sp.), gestellt.
[111] *Leisner*, (Werbefernsehen, S. 79 mit weiteren Nachweisen.

träger lediglich auf wirtschatlichem Gebiet tätig werden[112], kann dahingestellt bleiben, da die Rundfunkanstalten im wesentlichen keine Wirtschaftsbetriebe nach steuerlichen Grundsätzen darstellen. Vielmehr ist der Rundfunk in seiner gegenwärtigen Rechtsform und Struktur von vornherein als nichthoheitsrechtliche Institution zu begreifen, da er dem staatlichen Einfluß weitgehend entzogen ist. Andererseits gehört er auch nicht in den machtexklusiven Privatbereich einer einzelnen gesellschaftlichen Gruppe; denn in seiner technisch bedingten Monopolstellung kann der Rundfunk als „Berichterstatter" im Meinungsbildungsprozeß nicht einpolig ausgerichtet sein, wenn der demokratische Grundsatz der Meinungspolarität[113] nicht aufgegeben werden soll. In logischer Konsequenz zu dieser negativen Abstraktion muß der Rundfunk der politischen Bürgerschaft in ihrer verbandsmäßig repräsentierten Gesamtheit zustehen. Grundrechtsträger wird diese Institution mithin weder als Individualgestalt noch als Hoheitsträger, sondern vielmehr kraft Auftrags der gebündelten Einzelrechte der politischen Gesellschaft[114], die sich den Rundfunk als einen zur Meinungsbildung notwendigen Informationsgeber vom Staat entsprechend Art. 5 Abs. 1 GG installieren läßt und ihn machtkollegial kontrolliert.

Stellt sich aber der Rundfunk in dieser Weise als grundrechtsbelehnte Institution dar, so kann es keine Frage mehr sein, daß zu seinem Freiheitsspektrum nicht nur die Berichterstattung, sondern als korrelatives Essential auch die Information, die Meinungsäußerung und -verbreitung gehört[115].

„Rundfunkfreiheit" kann — sofern dieser Ausdruck überhaupt notwendig und nützlich erscheint — folgerichtig nur dies bedeuten: Ungehinderte Grundrechtsverwirklichung für die nach Art. 5 Abs. 1 GG berechtigten Verfassungssubjekte. Auf die Realität der Institution Rundfunk bezogen, heißt dies gegenüber dem Staat als Grundrechtsantipoden:

1. unabhängige Programmgetaltung
2. unbehinderte Technik
3. unabhängige Haushaltsführung[116].

---

[112] Eine Frage, mit der sich im neueren Schrifttum *Leisner a.a.O., S.79* auseinandersetzt.

[113] Der sich begriffsnotwendig aus der grundrechtlich garantierten „Freiheit" ergibt (so richtig auch *Günther-Kommission*, S. 39 r. Sp.).

[114] Im Ergebnis übereinstimmend: *Leisner*, Werbefernsehen, S. 80, mit Hinweis auf BVerfGE 15, 256 (262) und auch *Maunz-Dürig-Herzog* (Anm. 210 zu Art. 5, 41 zu Art. 19 III) allerdings mit nicht überzeugender Begründung.

[115] *Mallmann*, Rundfunkreform, S. 27; *Maunz*, DStR § 14 IV 3a; *Reissner*, Grundrecht, S. 18, 19; *Windsheimer*, Information, S. 77; BVerfGE 10, S. 118 (121), 12, S. 205 (260).

[116] *Mallmann*, a.a.O. S. 28.

B. Der Rundfunk im grundgesetzlichen System der „Meinungsfreiheit" 31

Da die Gesellschaft aus technischen und rechtlichen Gründen nicht in der Lage ist, den Rundfunk institutionell eigenständig zu gründen, ist der Staat als hoheitliches Machtmonopol aus Art. 5 Abs. 1 GG verpflichtet, die organisationsrechtlichen und technischen Voraussetzungen für den Rundfunk zu schaffen. Die staatliche Gewährleistung bezieht sich dabei nur auf die Notwendigkeit, daß „Rundfunk zur Verfügung steht[117]". Art. 5 Abs. 1 GG gibt dem Einzelnen weder ein Recht auf Schaffung bestimmter[118] Rundfunkeinrichtungen noch auf individuelle[119] Nutzung der Institution Rundfunk.

Ist der Rundfunk institutionalisiert, so gehört er zu den allgemein zugänglichen Quellen[120], aus denen sich nach Art. 5 Abs. 1 GG jedermann unterrichten kann. Das bedeutet nicht, daß der Einzelne ein verfassungsmäßiges Recht auf genehmigungs- und gebührenfreies Empfangen des Rundfunkprogramms hat; denn auch Zeitungen, die ebenfalls zu den allgemeinen zugänglichen Informationsquellen gehören, sind nicht kostenlos erhältlich[121]. Die Rundfunkfreiheit verbietet jedoch die Festsetzung einer sog. „Erdrosselungsgebühr"[122]. Die Höhe der Rundfunkgebühr darf die in Art. 5 Abs. 1 GG garantierte Informationsfreiheit nicht behindern oder gar illusorisch machen. Sie muß vor allen etatmäßigen Überlegungen[123] so gehalten werden, daß der Rundfunk noch eine allgemein zugängliche Quelle der Information bleibt. Dementsprechend ist eine Befreiungsmöglichkeit hinsichtlich der Rundfunkgebühren normativ geregelt[124]. Die sog. Freistellen[125] werden derzeit indes nur zu einem Teil ausgenutzt[126].

§ 3 Die Gewähr öffentlichkeitsbezogener Meinungsäußerung

Das Verständnis des Rundfunks als beauftragter Träger von Individualrechten ermöglicht indes noch keine verfassungsrechtliche Ein-

---

[117] *Arndt*, JZ 1965, S. 337 (338, li. Sp.).
[118] *Spanner*, Ordnung des Rundfunks, S. 369.
[119] *Arndt*, a.a.O.; *Lerche*, Rechtsprobleme, S. 14; *Peters*, Zuständigkeit, S. 57.
[120] BVerfGE, S. 205 (260); BVerfG in BayVBl. 1963, S. 210, li. Sp.
[121] So zu Recht *Reissner*, Meinungsfreiheit, S. 60.
[122] *Franz Mayer*, Rechtsgutachten, S. 54.
[123] D. h. aber nicht ohne jede Rücksicht auf eine aufgabengerechte Alimentation der Rundfunkanstalten.
[124] Derzeit in Bestimmungen des Bundesministers für das Post- und Fernmeldewesen (Hörfunk: AmtsblVf 41/1947; 131/1951, 452/1951; Fernsehen: AmtsblVf 243/1955; 118/1959; 119/1959).
[125] Die auf 5 % der Gesamtrundfunkteilnehmer beschränkt sind (*ARD-Denkschrift*, Nachtrag/Memorandum über den Stand und die Entwicklung der Gebührenbefreiung).
[126] Nach dem Stand vom 1. 1. 1968 beim Hörfunk nur zu rund 2,5 %, beim Fernsehen zu ca. 0,4 % (*ARD-Denkschrift*, a.a.O.).

ordnung der politischen Institution Rundfunk. Individualrechte bezeichnen eine Freiheitssphäre, die im wesentlichen allgemeinmenschenrechtlicher Natur ist[127]. Diese Freiheitssphäre kann jedoch nicht auf private Bürgerrechtsareale beschränkt werden. Privates Handeln korreliert stets Grenzsituationen innerhalb des Sozialverbandes[128], in denen der Einzelne als Schöpfungsobjekt gestellt ist. Freiheitsgarantien wirken als Fundamentalrechte deshalb nicht nur in die Privatphäre, sondern auch in die Öffentlichkeit. Limitierungstendenzen im Bereich von Grundnormen zeigen sich dabei notwendig bivektoral: sie verpflichten denjenigen, der Freiheit zu beanspruchen hat und zugleich den, der Freiheit zu gewähren hat[129].

Intendiert aber ein Grundrecht generell den Öffentlichkeitsbezug privaten Handelns[130], so muß auch im Fall des Art. 5 Abs. 1 GG die Freiheitssphäre korrelativ zur Gemeinschaftsordnung[131] gesehen werden. Das Recht der freien Meinungsäußerung umfaßt daher auch die Freiheit der öffentlichkeitsbezogenen Meinungsbildung[132].

§ 4 Der Begriff „Öffentliche Meinung"

Der Begriff der Öffentlichen Meinung wird weder im Grundgesetz noch in den Landesverfassungen erwähnt. Auch an anderer normativer Stelle erscheint er nicht.

Eine herrschende Auffassung über Begriff und Genealogie der „amorphen Erscheinung"[133] Öffentliche Meinung findet sich ebensowenig im rechtswissenschaftlichen wie im soziologischen Schrifttum[134].

Der Versuch, die Öffentliche Meinung justitiabel zu machen, kann zunächst nur bei der deskriptiven Erläuterung beginnen[135].

Christoph Martin Wieland hat sich 1798 als einer der ersten Deutschen bemüht, diesen durch die Jahrhunderte hindurch als vox populi

---

[127] *Ridder*, Meinungsfreiheit, S. 243/244: Meinungsäußerung als Einzelausstrahlung des allgemeinen Persönlichkeitsrechts; cfr. auch *Schmidt-Bleibtreu-Klein*, Grundgesetz, Anm. 1 zu Art. 5, *Maunz-Dürig-Herzog*, Anm. 29 zu Art. 5.
[128] In welcher staatsrechtlichen Struktur man ihn sich auch denkt.
[129] Funktionale Gebundenheit im Sozialverband.
[130] Markantes Beispiel: Art. 6 Abs. 2 Satz 1 u. 2 GG.
[131] Die nach Art. 20 GG eine „freiheitlich-demokratische" ist (so BVerfGE 12, S. 113/124—125, 20, S. 56 ff. [2. Leitsatz]).
[132] So auch BK, Anm. II 1 e zu Art. 5; *Eschenburg*, Staat und Gesellschaft, S. 392; *Lerche*, Rechtsprobleme, S. 9; *Maunz*, DStR § 14 IV 3 a; BVerfGE 12, S. 205 (259, 260).
[133] *Jecht*, Die Öffentliche Anstalt, S. 102.
[134] *Mallmann*, Öffentliche Meinung, S. 171/172; *Wolff*, III, § 166 II a.
[135] *Seidel*, Mythos der Öffentlichen Meinung, S. 12.

B. Der Rundfunk im grundgesetzlichen System der „Meinungsfreiheit"   33

zwischen Vergötterung und Verachtung oszillierenden Begriff[136] verständlich darzustellen. Dieser Versuch ist indes, wie *Franz Schneider*[137] mit Recht bemerkt, ein „hübsches Bild" jedoch nicht mehr. Die von *Hegel* geprägte Fassung[138] entreißt den Begriff zwar der weitgehend methaphorischen Sicht, indem sie Wesensgehalte in bereits präziser gefaßten gedanklichen Kategorien aufleuchten läßt, ermöglicht aber noch keine eindeutige Zuordnung innerhalb der Verfassung.

In der neueren Literatur wird die Öffentliche Meinung unterschiedlich definiert. Sie erscheint im übergeordneten Begriff als soziale Organkraft[139], die, vom Grundrecht der Menschenwürde[140] ausgehend, als Kommunikationsform der auf Socialleben angewiesenen Bürger verstanden wird[141], psychologisch als ein Phänomen des „kollektiven Solipsismus"[142] und politisch als ein Herrschaftsinstrument[143].

§ 5 Die Funktionalität öffentlicher Meinung

Politische Wirkung erzielt öffentliche Meinung in drei Hauptphasen: in der Urfunktion, Sektorfunktion und der perpetuierten Herrschaftsfunktion.

Urfunktion meint die ungeteilte Herrschaftsmacht der öffentlichen Meinung, die sich in den antiken Stadtstaaten nicht im Räsonnement eines „publique éclairé", sondern in der permanenten Präsenz des Staatsvolkes auf dem Versammlungsplatz, der agorá, zeigt[144]. Sie führt zurück auf die unter der Führung des Perikles vollendete Verfassung des Volksstaates, nach der die Volksversammlung (ecclesia) zum tatsächlichen Träger der Souveränität ausgeschaltet wurde[145]. Von der

---

[136] *Franz Schneider*, Kommunikation, S. 69; ders., a.a.O., S. 52: Es muß indes zwischen vox populi und vox publici unterschieden werden.
[137] a.a.O., S. 47.
[138] Zitiert bei *Franz Schneider*, a.a.O., S. 70.
[139] *Feldmann*, Theorie, S. 162; *Smend*, VVDStR Bd. 4, 1928, S. 44 (73 — Leitsatz 20).
[140] *Hennis*, Begriff, S. 17: publicité neben égalité, liberté und fraternité; *Carl Schmitt*, Verfassungslehre, S. 246: „moderne Form der Akklamation"; *Leibholz-Rinck*, Grundgesetz, Anm. 1 zu Art. 5 mit Hinweis auf BVerfGE 12, S. 113 (125): „eine der vornehmsten Menschenrechte".
[141] *Arndt*, Begriff und Wesen, S. 19; *G. Jellinek*, Allg. Staatslehre, S. 102; *Küchenhoff*, Allg. Staatslehre, S. 35.
[142] *Peter R. Hofstätter*, zitiert bei *Franz Schneider*, Kommunikation, S. 50.
[143] *Geiger* (Öffentliche Meinung, S. 458) spricht von „politischem Effekt", *Werner Weber* (Spannungen, S. 14) von der „großen demokratischen Kraft der öffentlichen Meinung"; *Leibholz-Rinck*, Grundgesetz, Anm. 1 zu Art. 5 mit Hinweis auf BVerfGE 5, S. 134 (205), 7, S. 198 (208), 12, S. 113 (125): „für eine freiheitlich-demokratische Staatsordnung schlechthin konstituierend".
[144] *Habermas*, Strukturwandel, S. 114; *Verdross-Drossberg*, Grundlinien, S. 2.
[145] *Verdross-Drossberg*, a.a.O., S. 6.

ecclesia aus konnten unterschiedslos alle Staatsangelegenheiten behandelt werden. An dieser Stelle entschied das Votum der politischen Vollbürger über Aktionen der leitenden Männer der „polis".

Eine veränderte Gesellschaft und abgewandelte Staatsmodelle haben die Herrschaftsform des Dauerplebiszits aufgelöst. Übrig blieb von der eigentlichen öffentlichen Meinung der Begriff des „politisch räsonnierenden Publikums", wie *Habermas*[146] es nennt. Im Laufe der nachfolgenden Geschichte entwickelte sich eine politische Öffentlichkeit, die aus der literarischen hervorging und dem Staat die Bedürfnisse der Gesellschaft vermittelte[147]. Die Etablierung der öffentlichen Meinung als Gegenüber zum Herrschaftsträger Staat gewinnt dabei notwendig Kampfcharakter, der sich bereits vom 17. Jahrhundert an konkret als Kampf um die Pressefreiheit darstellt[148]. Die Meinungspresse und Wochenschriften des 17. und 18. Jahrhunderts konnten sich legitim als Organe der öffentlichen Meinung bezeichnen, da sie, wie *Hennis*[149] vermerkt, mit einem diskutierenden Publikum kommunizierten. Je mehr sich indes die Presse vom kommunizierenden zum dirigierenden Modell hinwendete, desto vielfältiger entwickelten sich andere instrumentale Formen des politischen Räsonnements im Volk. Als moderne Derivate der „aufgeklärten Lesegesellschaften" etablierten sich insbesondere Parteien, Verbände und andere gesellschaftliche Interessengruppen.

Die Urfunktion der öffentlichen Meinung als permanente Reflexion politischer Prozesse war von jeher unabhängig von der Art und Weise des Mitwirkens an der Herrschaftsausübung. Auch totalitäre Staaten kennen die öffentliche Meinung als mittelbar wirkendes Korrektiv zur Staatsmacht. Differenzen gegenüber demokratisch gebildeten Staaten zeigen sich weniger in der Intensität oder Virulenz, als vielmehr in der politischen Effizienz der öffentlichen Meinung.

Die Sektorfunktion bezeichnet die uno actu erfolgende Fixierung der Meinung als Ausschnitt aus dem umlaufenden politischen Prozeß. Es handelt sich dabei entweder um Repräsentantenbestellung zum verfassungsrechtlich bestimmten Vertretungsorgan oder um normativ geregelte unmittelbare Sachentscheidungen, wie sie in einigen Landesverfassungen[150] vorgesehen sind. Die Organschöpfungs- oder Sachent-

---

[146] *Habermas*, a.a.O., S. 86.
[147] Ders., a.a.O., S. 43.
[148] *Franz Schneider*, Die historischen Voraussetzungen, S. 22.
[149] Begriff, S. 20.
[150] Volksabstimmung: bawüVf Art. 43, 60; heVf Art. 71; saarlVf Art. 65 f.
Volksbegehren: bayVf Art. 74; berlVf Art. 49; heVf Art. 124; nwVf Art. 2, 68; rhpfVf Art. 109.
Volksentscheid: bayVf Art. 73 f.; berlVf Art. 49; breVf Art. 69 ff.; heVf Art. 124; nwVf Art. 2, 68; rhpfVf Art. 109; saarlVf Art. 101 f.

B. Der Rundfunk im grundgesetzlichen System der „Meinungsfreiheit"

scheidungsakte, die sich in Wahlen oder plebiszitären Voten dokumentieren, sind weder Ausgangs- noch Endpunkt der öffentlichen Meinung. Sie unterbrechen den Fluß des politischen Meinungsprozesses nicht, sondern erteilen lediglich eine terminierte Vollmacht. Daneben existiert die öffentliche Meinung als zirkular zu denkender politischer Prozeß weiter. Problematisch ist dabei nur, welche Machtpotenz diese Meinung im demokratischen Kräftespiel darstellt.

Die Verteilung von Herrschaftsfunktionen, als die sich politisches Leben generell manifestiert, ist ohne Kontrollfunktion nicht denkbar. Die politisch fungierende Gesellschaft hat indes diese Kontrollfunktion, die ursprünglich von der permanenten Präsenz des Staatsvolkes ausging, in den historischen Zeitläufen unterschiedlich begriffen.

Die Bürger Englands im Zeitalter des „public spirit" sahen die öffentliche Meinung als eine Instanz, die auf die Legislative direkten Zwang ausüben kann[151]. In Frankreich dagegen blieb die kritische Funktion der „opinion publique" von der Legislative deutlich getrennt[152].

Diese unterschiedlichen Beispiele zeigen, daß sich Herrschafts- und Kontrollfunktion der öffentlichen Meinung nicht generell, sondern nur nach dem Machtverständnis der jeweiligen politischen Landschaft bestimmen lassen.

Das Grundgesetz hat sich in Art. 20, 28 für die Demokratie und damit für ein Herrschaftssystem entschieden, in dem das Volk Subjekt der verfassungsgebenden Gewalt und primärer Träger der Staatsgewalt ist.

Die Ausgestaltung dieses Systems prägt jeweils den besonderen Begriff Demokratie, der in seinem Eigenverständnis und damit auch in seinen Erscheinungen zu keiner Zeit und an keinem Ort unwandelbar[153], sondern vielmehr entwicklungscharakteristisch war.

Die Formulierung *Eschenburgs*[154], die auf die demokratische Willensbildung durch Mehrheitsentscheidung[155] hinweist, enthält zunächst nur den formalen Rahmen, durch den die Demokratie von den übrigen Herrschaftsformen[156] getrennt wird. Entscheidendes über Machtstruktur und -kontrolle ist damit noch nicht gesagt.

Innerhalb des Grundgesetzes vollzieht sich politische Willensartikulation vor allem in den Parlamentswahlen (Art. 20 Abs. 2 Satz 2 GG).

---

[151] *Habermas*, a.a.O., S. 111.
[152] Ebenda.
[153] *Leibholz* (Strukturprobleme, S. 80), der die Wandelbarkeit auf die Evolution des Gleichheitsbegriffes zurückführt.
[154] Staat und Gesellschaft, S. 210.
[155] So auch BVerfGE 1, S. 299 (315).
[156] Zwischen den Extremen Omniarchie und Anarchie.

Daneben ist die Sachentscheidung des Bundesvolkes in einigen wenigen Fragen vorgesehen (Art. 29, 118 GG). In den Landesverfassungen[157/158] finden sich mit Ausnahme der Gliedstaaten Hamburg, Niedersachsen und Schleswig-Holstein Vorschriften über Volksabstimmung, Volksbegehren oder Volksentscheid.

Das Grundgesetz hat aus „Furcht vor plebiszitären Entscheidungen des Volkes" keine Institute gebildet, die im Wege öffentlicher Meinung eine permanente Herrschafts- und Kontrollfunktion des Volkes gewährleisten. Es wurde damit eine Form indirekter Demokratie[159] herausgebildet, die dem demokratischen Prinzip insoweit entspricht, als die politische Willensbildung durch Wahl von Repräsentationsorganen in festgelegtem Turnus garantiert ist[160].

Die Herrschaftsdistanz vom Volk zu den repräsentierenden Organen einerseits und zur machtausübenden Exekutive andererseits wird damit unüberbrückt gehalten. Parteien und Exekutivapparat sind — zumindest auf Bundesebene — für die Dauer einer Legislaturperiode ohne eine direkt wirkende Kontrolle durch das Volk als dem eigentlichen, machtbeleihenden Souverän.

Ist aber die öffentliche Meinung als Herrschaftskorrektiv und „unerläßlicher Integrationsfaktor des repräsentativ verfaßten Staates"[161] in der Verfassung nicht ausdrücklich vorgesehen, so muß gleichwohl versucht werden, diesen unverzichtbaren Machtbereich des Volkes in analogen Verfassungsnormen anzusiedeln.

Das Bundesverfassungsgericht[162] hat die Möglichkeit einer Einflußnahme des Staatsbürgers auf den ständigen Prozeß der politischen Willensbildung grundsätzlich bejaht und in diesem Zusammenhang betont, daß sich dieser Prozeß vom Volk zu den Staatsorganen und nicht umgekehrt vollziehen darf[163]; es hat jedoch keine systematische Einordnung der Grundlagen dieses permanenten Prozesses in die Verfassung vorgenommen[164].

[157/158] s. Anm. 150.

[159] „mittelbare, auch repräsentative Demokratie" (*Maunz-Dürig-Herzog*, Anm. 53 zu Art. 20 mit Nachweisen).

[160] Im Ergebnis: BVerfGE 11, S. 310 (321).

[161] *Heinrich Karl Jaup*, zitiert bei *Ridder*, Meinungsfreiheit, S. 252.

[162] BVerfGE 8, S. 104 (112 ff.): Zur Unterscheidung von politischer Willensbildung des Volkes und (Mit-)Bildung des Staatswillens durch das Volk.

[163] BVerfGE 20, S. 56 ff. (2. Leitsatz); auch *Maunz-Dürig-Herzog*, Anm. 39 zu Art. 20.

[164] In BVerfGE 8, S. 104 (112) heißt es nur, daß „Öffentliche Meinung" durch Art. 5 GG mitgarantiert sei; BVerfGE 20, S. 56 ff. (2. Leitsatz) stützt das für Staatsorgane geltende Beteiligungsverbot auf Art. 20 Abs. 2, 21 GG.

B. Der Rundfunk im grundgesetzlichen System der „Meinungsfreiheit" 37

Ridder[165] sieht die Hauptnorm für die öffentliche Meinung durch seine umstrittene[166] These von der Parallelität des „klassischen" und politischen Bürgerrechts der Meinungsfreiheit einerseits in Art. 5 Abs. 1 GG, andererseits aber auch in Art. 21 GG[167].

Ebenfalls in Art. 21 GG sehen *Hesse*[168], *Lenz*[169], *Mallmann*[170] und *Wilkens*[171] den verfassungsnormativen Standort für die öffentliche Meinungsbildung.

Windsheimer[172] nimmt in den Kreis der Art. 5 Abs. 1, 20, 28 und 21 Abs. 1 GG noch das Öffentlichkeitsprinzip und die fehlende Berichterstattungsverantwortung des Bundestages (Art. 42 Abs. 1, 3 GG) sowie den „Menschenwürdegehalt" des Art. 1 Abs. 1 GG und verbindet diese Normen zu einer, wie er sagt, „verfassungsrechtlichen Gesamtschau".

Ein anderer Teil der Literatur[173] bejaht zwar Gestaltungsrechte des Volkes, die über die Repräsentationsbestellung hinausgehen, benennt aber keine Positionen innerhalb der Verfassung. Es entspricht dem Tenor der Meinungen, wenn G. *Jellinek*[174] von der juristisch nicht meßbaren, politisch aber so wirksamen Macht der öffentlichen Meinung spricht.

Insgesamt gesehen kann mithin von einer übereinstimmenden systematischen Einordnung der öffentlichen Meinung in die Verfassung nicht gesprochen werden. An den aufgezeigten Meinungen und Stellungnahmen wird deutlich, daß insbesondere Voraussetzungen und Wirkungen dieses Phänomens noch nicht ausreichend unterschieden werden. Art. 5 Abs. 1, 8, 9 GG[175] erscheinen als Berechtigungsnorm, während sie tatsächlich nur einige der notwendigen Bedingungen für das Entstehen öffentlicher Meinung darstellen. Art. 21 Abs. 1 GG läßt durch den im Text verwendeten Begriff der Mitwirkung lediglich den Schluß zu, daß

---

[165] Meinungsfreiheit, S. 257.
[166] Gegen *Ridders* These: *Maunz-Dürig-Herzog*, Anm. 5 zu Rand-Nr. 98 zu Art. 1 Abs. 3; *Forsthoff*, DÖV 1963, S. 633, li. Sp.; *von Mangoldt-Klein*, Art. 5 II 3; *Windsheimer*, Die Information, S. 113, 117.
[167] Meinungsfreiheit, S. 257.
[168] Grundzüge, S. 60.
[169] JZ 1963, S. 338 (346).
[170] Öffentliche Meinung, S. 176.
[171] Aufsicht, S. 98.
[172] a.a.O., S. 42.
[173] *Habermas*, Strukturwandel, S. 230; *Haacke-Visbeck*, Institutionen, S. 97; *Hesse*, Grundzüge, S. 59; *G. Jellinek*, Allg. Staatslehre, S. 586; *Krüger*, Allg. Staatslehre, S. 452; *Carl Schmitt*, Verfassungslehre, S. 242; *Volle*, Problematik, S. 34; BVerfG in DÖV 1966, S. 563 (564, r. Sp.); *Eschenburg*, Staat und Gesellschaft, S. 391.
[174] a.a.O.
[175] *Eschenburg*, a.a.O.

die Parteien kein Monopol auf die Bildung des politischen Willens haben, sagt jedoch nichts über die entscheidenden Funktionsgrenzen aus.

Wenn die Machtdimensionen öffentlicher Meinung überhaupt dem gegenwärtig geltenden Verfassungstext entnommen werden können, dann nur aus Art. 20 Abs. 1 und 2 GG. An dieser Stelle wird das grundgesetzliche Verständnis demokratischer Staatlichkeit konzipiert. Es kann nach den zitierten Auffassungen jedoch kein Zweifel bestehen, daß diese Bestimmung unterschiedlichen Interpretationsmöglichkeiten zugänglich ist. Mithin erweist sich auch der „Demokratiegrundsatz" als ungeeignet für eine exakte Fixierung der politischen Potenz öffentlicher Meinung.

Als Konsequenz aus dieser ungeregelten, für das Selbstverständnis eines demokratischen Staates indes bedeutungsvollen Sachlage ergibt sich die Forderung nach einer entsprechenden Ergänzung des Grundgesetzes. Damit wäre auch der Weg gewiesen zu einer umgreifenden Auffassung über die im Meinungsprozeß wirkenden Faktoren, zu denen auch der Rundfunk gehört.

Wegen der offensichtlichen Interpretationsgrenzen innerhalb des Grundgesetzes kann rundfunkbegrifflich nicht von dem hier vertretenen Begriff der perpetuierten Herrschaftsfunktion als Teilfunktion der öffentlichen Meinung ausgegangen werden. Außerhalb der funktionalen Machtdimensionen des öffentlichen Meinungsprozesses erscheint indes ein Rundfunkverständnis unter dem begleitenden Leitgedanken möglich, daß zur Voraussetzung jeglicher Meinungs- und Willensartikulation[176] die Information gehört[177].

Informationsdarbietungen werden in der modernen Massengesellschaft mitveranstaltet von publizistischen und politischen Institutionen, wie der Presse und dem Rundfunk; sie sind „Organe" der öffentlichen Meinung[178].

---

[176] Ob und inwieweit beide Vorgänge wesensmäßig kongruieren, kann im Rahmen dieser Untersuchung dahingestellt bleiben.

[177] *Eschenburg*, Staat und Gesellschaft, S. 394; *Haacke-Visbeck*, Institutionen, S. 68; *Ridder*, Öffentliche Aufgabe, S. 12; *Wildenmann-Kaltefleiter*, Funktionen, S. 16.

[178] *Seidel*, Vom Mythos, S. 33; im Ergebnis auch: BK Art. 5, Anm. II 1 e; *G. Julius*, zitiert bei *Czajka*, Pressefreiheit, S. 42; *Kötterheinrich* (Konzentrationsbewegung, S. 198), der von „Machtkonkurrenten des Staates" spricht; *Meyn*, Massenmedien, S. 123; *Wildenmann-Kaltefleiter*, Funktionen, S. 15 ff.

Zweites Kapitel

Materiellrechtliche Diskussion rundfunkstruktureller Maßnahmen

A. Redaktioneller Programmbereich

§ 1 Dimensionen informationspolitischer Funktionalität des Rundfunks

Die Beantwortung der Frage, inwieweit Konzentrationsmaßnahmen innerhalb des landesrechtlich geregelten Rundfunkwesens materiell zulässig sind, hängt entscheidend vom informationspolitischen Funktionsverständnis des Rundfunks ab. Die bisher verdeutlichte Position dieses Phänomens als eines der „Organe" im Prozeß der öffentlichen Meinungsbildung bedarf einer exakten Abgrenzung. Es ist daher nachzuweisen, welche Aufgaben das politische Informationsorgan Rundfunk konkret zu erfüllen hat.

Information wird im aktiven Sinne als Weitergabe von Geschehnisberichten, im passiven Sinne als Objekt der Bewußtseinsaufnahme und subjektiven Reflexion des vermittelten Nachrichtengutes verstanden[1]. Die psychologisch gefaßte passive Funktion muß als Gegenstand wissenschaftlicher Betrachtung den sozialpsychologischen Disziplinen zugewiesen werden und scheidet für die anstehende Diskussion aus. Verwendbar erscheint lediglich die Aktivfunktion.

Information im aktiven Sinne kann indes nicht nur als bezugslose Weitergabe objektivierter Sachverhalte gesehen werden. Jede Mitteilung über ein Geschehen, das nicht in wissenschaftlichen Meßwerten bestimmt werden kann, ist notwendig geprägt von der Anschauungsweise des Berichterstatters. Konkret auf den Rundfunk bezogen zeigt sich dieses subjektive Element in zweifacher Weise: 1. in der adaptiven Phase, wo das bereits subjektiv vorgeformte Nachrichtenmaterial der Agenturen nur durch synoptische Methoden zu relativer Objektivität hingeführt werden kann, 2. in der redaktionellen Phase, in der das relativierte Material durch Modulation, Lokation und Relation zur Nachbarinformation meinungsvalent wird. Soweit durch diese Phasen überhaupt noch Grenzlinien gezogen werden können, sind sie fließend[2] und vom erklärten oder bewußt betätigten Willen des Informanten unabhängig.

---

[1] Windsheimer, Die Information, S. 17.
[2] *Michel-Kommission*, S. 252, r. Sp.; BVerfGE 12, S. 205 (260).

2. Kap.: Materiellrechtliche Diskussion

Die relative Unteilbarkeit von Nachricht und Meinung erweist sich indes für das Gesamtverständnis des Informationsbegriffes keineswegs als Hindernis. Vielmehr erleichtert sie das Verstehen der Information als Summe komplexer Inhalte, wie sie in „Nachrichten" einerseits sowie in Kommentaren, Diskussionen und Interviews andererseits aufscheinen. Information inkludiert nicht nur die Weitergabe kurzgefaßter Materialien, sondern auch das als Deutungsversuch vorgeführte Denkmodell, gleichgültig, ob es als Paradigma gekennzeichnet ist oder hinter neutraler Kennzeichnung eine gezielte Beeinflussung intendiert. Denkmodelle erweisen sich somit als Informationen spezifischer Art, indem sie den relativierten Materialgehalt in Zusammenhänge und differente Sichtweisen heben und ihn dadurch funktionsgerecht ergänzen.

Eigentliche Effizienz gewinnt die Information demnach erst durch Summierung formaldifferenter Aussagewerte, die im Proramm unter vielfältigen Titeln als Informationsketten[3] enthalten sind.

Von diesem Standpunkt aus beantwortet sich bereits die Frage, ob der Rundfunk als Medium[4] oder Faktor[5] zu begreifen ist. Medialen Gehalt weisen Programmleistungen[6] nur dort auf, wo sie außerhalb der redaktionellen Verantwortung[7] liegen. Im gesamten Redaktionsbereich indes muß der Rundfunk als Faktor verstanden werden, da die Meinung in der Regel phänomenologisch nicht nur der Information immanent ist, sondern wesensmäßig zu ihr gehört.

Der Begriff „Massenmedium", der u. a. für den Rundfunk gebraucht wird, liegt mithin hinsichtlich des Begriffsteils „Medium" einem unvollständigen Informationsverständnis zugrunde. Er ist aber auch bereits wegen der undifferenzierten Verwendung des Begriffs „Masse"[8] abzulehnen.

---

[3] Als hier geprägter Begriff die Einheitlichkeit der Programmintention verdeutlichend.

[4] *Hämmerlein*, DÖV 1963, S. 364 (366, li. Sp.); *Haensel*, DVBl. 1957, S. 446, li. Sp.; *Mallmann*, Rundfunkreform, S. 30; *Wilkens*, Aufsicht, S. 91; hinsichtlich der Presse: *Haacke*, Mittel der Kommunikation, S. 26.

[5] h. M.: *Borinski*, NWDR-Denkschrift, S. 29 (42); *Habermas*, Strukturwandel, S. 208; *Heinemann*, NJW 1962, S. 889 (891, li. Sp.); *Lerche*, Rechtsprobleme, S. 9; *Reinelt*, Der Rundfunk, S. 20; *Reissner*, Grundrecht, S. 18; *Ridder*, Kirche—Staat—Rundfunk, S. 45; *Wenke*, Der Rundfunk, S. 50; *Wildenmann-Kaltefleiter*, Funktionen, S. 38; BVerfGE 12, 205 (260); s. auch SWFS Art. 5 Abs. 3 Satz 1.

[6] Nicht der allgemein-gesetzlichen.

[7] z. B. Ausübung des Verlautbarungsrechts, das landesgesetzlich geregelt ist (für alle: SDRS § 2 Abs. 4): Partei-, Kirchen-, Gewerkschaftsprogramme; ferner Werbesendungen (s. aber III. Kapitel B § 1 II).

[8] Zum Begriff „Masse": *Maletzke*, Psychologie, S. 24/25.

A. Redaktioneller Programmbereich

Dem Funktionsverständnis des Rundfunks als Informanten[9] innerhalb des demokratischen Meinungsbildungsprozesses[10] folgt notwendig die Frage nach den qualitativen Dimensionen.

Informationsleistungen müssen die „Publizität des politischen Prozesses"[11] anstreben. Ohne diese Publizität ist der zur aktiven Staatsbürgerschaft aufgerufene Einzelne nicht in der Lage, sachgerechte Willensentscheidungen innerhalb des ihm zugewiesenen politischen Raumes zu fällen. Übereinstimmend wird daher die nicht manipulierte Informationsgebung[12] als Voraussetzung demokratischer Transparenz der Herrschaftsverhältnisse angesehen. Problematisch ist nur die Frage, wann der Staatsbürger in diesem Sinne als politisch informiert zu gelten hat. Art. 5 Abs. 1 GG und die entsprechenden Bestimmungen der Landesverfassungen sagen dazu normativ nichts aus.

Kogon[13] sieht die Erfüllung eines demokratiegerechten Informationsoptimums in der Vermittlung von „zureichendem Orientierungswissen", in das sich die Nachrichten des Tages sinnvoll einordnen lassen. *Haacke-Visbeck*[14] sprechen vom „unversellen Informiertsein", das im Idealfall ein Verantwortungsgefühl auch für weiter gelegene politische Räume mit umgreift und die Fähigkeit zur Entscheidung und zur Kritik fördert.

Orientierungswissen oder universelles Informiertsein setzt nicht nur quellenidentisches Material voraus; vielmehr ist Orientierung im Sinne freier Urteilsfindung vom Wissen oder Wissenkönnen polar gerichteter Ansätze abhängig. Nur im Spannungsfeld von Meinungsstandorten einerseits und qualitativer Informationsdifferenzen[15] andererseits kann sich Orientierungswissen als partielle Grundage für die Verwirklichung demokratischer Freiheit bilden. Das polare Meinungsfeld ist für sachentsprechende Willensentscheidungen im politischen Raum unabdingbar[15a]. Da das Grundgesetz von der demokratischen Form der Willensbildung ausgeht (Art. 20 Abs. 1, 28 Abs. 1 GG), muß „zureichendes

---

[9] Es erscheint fraglich, ob der Rundfunk darüber hinaus kommunikativ wirkt. Dieses Problem kann hier ausgeklammert werden.
[10] „Meinungsbildung" muß differenziert werden in Denk- und Willensbetätigung des Einzelnen und in gerichtete Information, die von außen her auf den Einzelnen einwirkt!
[11] *Hesse*, Grundzüge, S. 59.
[12] *Löffler*, Öffentliche Meinung, S. 20.
[13] Informationsnotwendigkeit, S. 163.
[14] Institutionen, S. 76.
[15] Wie sie in redaktionell selbständig geformten „Nachrichten" aufscheinen.
[15a] So BVerfGE 5, S. 85 (135), wenn ausgeführt wird, daß der richtige Weg zur Bildung des demokratischen Staatswillens die ständige geistige Auseinandersetzung ist; ebenso *Haacke-Visbeck*, Institutionen, S. 48, und *Hesse*, a.a.O., S. 64.

Orientierungswissen" in konkretem Bezug zum Rundfunk als Vielfalt von Meinungen innerhalb des Programms, mithin als politisches Informationsspektrum verstanden werden.

Spektralwirkung läßt sich nicht allein durch eine Vielzahl von Rundfunkanstalten erzielen[16]. Entscheidend ist, welche Informationsleistungen angeboten werden. Deshalb muß die Forderung[17] nach Errichtung weiterer Anstalten, die eine Vielfalt von Meinungen ermöglichen soll, kritisch geprüft werden. Bei dieser Forderung wird notwendig unterstellt, daß die interne Programmstruktur der einzelnen Anstalt keine Vielfalt anbieten kann, daß zum anderen die Kumulierung der Informationsquellen mit der Aufnahmebereitschaft der Rezipienten korrespondiert und daß ferner von einer meinungsdifferenten Programmgestaltung im Vergleich der Rundfunkanstalten untereinander[18] begriffssicher ausgegangen werden kann.

Eine Analyse dieser Prämissen, die nicht nur dem Ruf nach Errichtung weiterer Rundfunkanstalten, sondern im wesentlichen auch der Ablehnung von Fusionsmaßnahmen[19] vorangestellt sind, hat sich deshalb im Hinblick auf die interne Programmstruktur mit dem Begriff „Neutralität im Rundfunk" sowie mit der Messung der im Rundfunkverbund gelieferten Informationswerte zu beschäftigen.

Von der Untersuchung nicht zu erfassen sind Möglichkeiten und Grenzen der Aufnahmebereitschaft der Rezipienten, da es sich insoweit um ein sozialpsychologisches Problem handelt, über das eindeutige Erkenntnisse noch nicht vorliegen.

§ 2 Das Informationsspektrum des Rundfunks

I. Neutralität als Sendegrundsatz

Die landesrechtlichen Rundfunkverfassungen enthalten als verbindliche Programmrichtlinien im wesentlichen Aufforderungen zu Wahrheitstreue und Sachlichkeit[20]. Diese Leitgedanken entsprechen weitgehend dem Programmbild im sog. *Fernsehurteil*[21].

Für eine funktionale Deutung des Rundfunks als Emissionär eines meinungspolaren politischen Informationsspektrums sind diese Be-

---

[16] Übereinstimmend: *Wildenmann-Kaltefleiter*, Funktionen, S. 70; ablehnend: *ARD-Denkschrift*, S. 25, 33.
[17] *Ridder*, Zuständigkeit, S. 307; erwägend: *Mallmannn*, Rundfunkreform, S. 38.
[18] Soweit sie bisher bestehen.
[19] *ARD-Denkschrift*, S. 33.
[20] Als Beispiele: BRG Art. 4 Abs. 2, 7; HRG § 3, 4.
[21] BVerfGE 12, S. 205 (263).

griffe indes ebensowenig verwendbar wie die konkreter gefaßten Formulierungen in der Satzung des „Südwestfunks"[22], in der von „angemessener Kritik", wesentlicher Meinung und hinreichender Unterrichtung die Rede ist.

Generell sind all diese Leitlinien ohne politische Signifikanz. Dies wird insbesondere deutlich am ausgewählten Beispiel des „Südwestfunks". Nach der Gewährleistung des Rechts zu angemessener und sachlicher Kritik wird im nachfolgenden Satz die einseitige Berichterstattung ausgeschlossen. Begrifflich wird damit auch die Möglichkeit zu angemessener Kritik illusorisch gemacht. Einseitige, d.h. vornehmlich von einem bestimmten Standort aus prononcierte Meinung kann u. U. sogar die einzig angebrachte Form von Kritik und Unterrichtung sein. Sie ist solange notwendig und vertretbar, wie der kritisch besprochene gesellschaftliche Zustand andauert. Verantwortlich getragene Einseitigkeit im Programm braucht deshalb nicht wesensnotwendig im „Dienst" irgendeiner politischen Potenz zu stehen. Die Verwendung des hier offensichtlich negativ interpretierten Begriffes „Dienst" veranschaulicht, in welchen Dimensionen der Gesetzgeber die in der gleichen Satzung[23] erwähnte „demokratische Freiheit" versteht.

In der Programmpraxis werden die in den Rundfunk strukturell integrierten gesellschaftlichen Kräfte in Ansehung dieser und ähnlicher Leitgrundsätze weit mehr als unsichtbare Programmgestalter denn als gemeinsame Kontrollinstanz verstanden.

Das Ergebnis dieser Funktionsverengung ist ein vielmaschig gefiltertes Programm, das in der Literatur die polaren Wertungsattribute „Nivellierung"[24] und „demokratische Balance"[25] erhielt. Beide Attribute gehen von differenten Demokratiebegriffen aus. Die Auffassung von „demokratischer Balance" verlegt die Herrschaftstoleranz, die im politischen Kräftespiel gegenüber der Minderheit zu gelten hat, bereits in das Vorstadium des Meinungsbildungsprozesses. „Neutralität" wird damit an einer Stelle etabliert, an der politische Auseinandersetzung gerade ausdrücklich gefordert ist. Diese Ansicht kann nur dann zutreffend sein, wenn man den Rundfunk außerhalb der demokratiegerechten, notwendig polar ausgerichteten Auseinandersetzung im Prozeß der Meinungsbildung ansiedelt. Da aber bereits nachgewiesen wurde, daß der Rundfunk eine politische Institution im Feld der öffentlichen Meinungsbildung darstellt, erscheint die Auffassung von der „demokratischen Balance" unhaltbar. Demgegenüber verdeutlicht

---
[22] Art. 5 Abs. 3.
[23] Art. 5 Abs. 1 Satz 1.
[24] *Werner Weber*, NWDR-Denkschrift, S. 63 (73); ähnlich *Bettermann*, DVBl. 1963, S. 41 (43, li. Sp.); *Maletzke*, Psychologie, S. 53; *Peters*, Rechtslage, S. 30.
[25] Von Bismarck, Proporz im Rundfunk, S. 15.

der Begriff „Nivellierung" sehr deutlich, wie weit sich der Rundfunk auf der Grundlage der geltenden Bestimmungen selbst entdemokratisiert, indem er sich der geistig-politischen Auseinandersetzung entzieht.

Neutralität im Rundfunk bedeutet im Wege negativer Abstraktion weder unparteiisch (= unpolitisch) noch parteipolitisch-paritätisch (= parzellierend)[26]. Diese Begriffsmöglichkeiten sind durch das Verständnis des Rundfunks als politische Institution im Feld demokratischer und damit dynamischer Meinungsbildung ausgeschlossen. Neutralität kann andererseits aber auch nicht als „überparteilich" gedacht werden[27]. Überparteilichkeit intendiert wertungsfreie Informationskategorien, die es im echt objektiven Sinne nicht gibt[28].

Die entscheidende Markierung für den Versuch einer Bestimmung neutraler Programmpolitik kann nur das im demokratischen Meinungsbildungsprozeß erforderliche Informationsspektrum sein. Danach sind all die Materialien zur Verfügung zu stellen, die das öffentliche Leben programmtechnisch transparent machen können. Unter Materialien sind nach dem eindimensionalen Informationsbegriff sowohl „Nachrichten" als auch reflektierende Hintergrunddarstellungen zu verstehen. Diese quantitativen und qualitativen Dimensionen prägen den programm-politischen Freiheitsraum des Rundfunks.

Als Informationsemissionär ist der Rundfunk damit nicht nur verpflichtet, das Materialangebot der auf Publizität bedachten gesellschaftlichen Gruppen zu verteilen, sondern darüberhinaus Informationsleerräume aufzudecken[29], partielle Interessen und Geschehnisse in Zusammmenhängen einzuordnen[30] und das Unwerte etablierter Tabus und das Veraltete gesellschaftlicher Formen als solches darzustellen[31]. Neutralisierung des Rundfunks kann in dieser Sicht nur bedeuten, daß die Sendungen nicht programmatisch, d. h. vom Prinzip her, auf eine bestimmte gesellschaftliche Machtgruppe ausgerichtet ist.

Begreift der Rundfunk seine Informationsfunktion indes weiterhin in der Nivellierung oder im Proporzdenken, so verfehlt er die ihm zugewiesene Aufgabe innerhalb des Prozesses der politischen Meinungsbildung[32] und wird zur Gefahr für die Demokratie schlechthin.

---

[26] *Eschenburg*, RuF 1962, S. 136 (138); *Wenke*, NWDR-Denkschrift, S. 45 (57).
[27] Wie es *Reinelt* (Der Rundfunk, S. 100) vorschlägt.
[28] *Eschenburg*, Staat und Gesellschaft, S. 399; *Haacke*, Mittel der Kommunikation, S. 23.
[29] *Weniger*, NWDR-Denkschrift, S. 13 (23).
[30] Ders., a.a.O., S. 13 (21); *Wenke*, a.a.O., S. 55/56.
[31] *Borinski*, NWDR-Denkschrift, S. 29 (42).
[32] So auch *Arndt*, Rolle der Massenmedien, S. 17; *Hennis*, Begriff, S. 20; *Krüger*, Öffentliche Massenmedien, S. 23.

Die notwendige Neuformulierung des Neutralitätsprinzips steht an substantiellem Bedeutungsgehalt vor allen bisher finanzpolitisch orientierten Kooperationsüberlegungen. Der Freiheitsraum des Rundfunks ist in den Sendegrundsätzen durch das Gebot der Akzentuierung ausdrücklich zu sichern. Akzentuierung als Ausdruck funktionaler Neutralität bedeutet dabei kritische Analyse ebenso wie dynamisches Vorausgreifen sich elitär entwickelnder gesellschaftlicher Ideen. Eine Informationspolitik, die sich nur in gleichbleibender Intensität an den Fakten des Statischen orientiert, bringt den demokratischen Meinungs- und Willensbildungsprozeß zum Stillstand. Dynamik als eines der Grundelemente demokratischen Lebens wird dadurch zu steriler Geschäftigkeit pervertiert.

Wesentlich für die Realisierung funktionaler Neutralität ist indes die Erkenntnis, daß die Entscheidung über die qualitativen Dimensionen nicht mehr rechtlicher, sondern politischer Natur ist. Die Gesetzgebung im demokratischen Staat kann immer nur Möglichkeiten des Handelns eröffnen, nicht aber das Ausfüllen der freigestellten Formen erzwingen oder garantieren. Funktionieren die gesetzlich gebildeten Organkräfte des Rundfunks in sich nicht mehr demokratisch, stagnieren sie in stillschweigender Übereinstimmung[33], so wird auch das Programm des Rundfunks funktionsleer und damit undemokratisch.

Die Möglichkeiten der Verfassung und anderer, nachgeordneter Normen sind angesichts dieser konkreten Gefahren für den demokratischen Meinungsprozeß bereits an ihren Grenzen angelangt.

Das Spannungsfeld der unterschiedlichen Interessen und Kräfte läßt sich nicht institutionell erzeugen, sondern es kann in seiner Funktionalität allenfalls durch gründliche wissenschaftliche Studien[34] transparent gemacht werden. Konsequenzen aus nachprüfbar getroffenen Feststellungen sind auf den vorgegebenen Rechtswegen[35] zu ziehen. Die Wissenschaft erhielte durch den Auftrag zur Erstellung kritischer Gutachten jedoch nicht die Rechte einer zusätzlichen Kontrollinstanz; denn es bliebe den kompetenten Machtapparaten überlassen, Folgerungen aus dem bereitgestellten Material zu ziehen. Grundsätzliche Überlegungen zu diesem wissenschaftlichen Aufgabenbereich erscheinen dringend notwendig, sind aber im Rahmen dieser Untersuchung nicht zu erbringen[36].

---

[33] *Meyn* (Massenmedien, S. 81) vermerkt indes in ironischer Kritik, daß es Rundfunk- und Verwaltungsräte geben soll, die über ihren eigenen partei- oder verbandspolitischen Schatten springen können.
[34] Über die Funktionalität der Rundfunkorgane, insbesondere über Spannungsverhältnis Rundfunkrat—Intendant ist bisher noch keine Studie veröffentlicht worden.
[35] s. IV. Kapitel A § 2 I.
[36] Es wird auf die Schrift von *Kurt Hans Biedenkopf*, Zum politischen Auftrag der Wissenschaft und der Universität (Bochumer Universitätsreden 4), 1968, verwiesen.

II. Rundfunkanstalten im Informationsverbund

1. Ausgangsposition

Die Aufgabe des Rundfunks wurde im III. Kapitel A § 1 als Emission eines meinungsdifferenten Informationsspektrums dargestellt.

Innerhalb der eigenständigen Programme[37] einer einzelnen Anstalt werden Spektren dieser Qualität in der Regel nicht angeboten. Die Strukturunterschiede zwischen den von einer Anstalt ausgestrahlten Programmen bestehen generell in der Anwendung eines unterschiedlichen Verteilerschlüssels bei der Zuweisung von Sendezeiten an einzelne Programmsparten. Insbesondere die I. und II. Hörfunkprogramme setzen sich im Aussagegehalt nur unwesentlich voneinander ab, während die III. Programme überwiegend den speziellen Informationsbedürfnissen von Empfängerminderheiten entgegenkommen.

Es bleibt zu untersuchen, welche Spektralbreite im Sinne von „Meinungsvielfalt" durch den Rundfunkverband erzielt wird.

Normativ sind die Rundfunkanstalten nicht auf Kontraste angelegt. Wird indes eine Meinungsvielfalt angesichts der redaktionell selbständigen Informationseinheiten der einzelnen Anstalten für möglich gehalten, so ergibt sich daraus zunächst die Minimalforderung nach der technischen Empfangsmöglichkeit von Programmen zwei verschiedener Sendeanstalten[38].

2. Technische Versorgungsleistungen

a) Hörfunkbereich

Die Versorgung eines Rundfunkteilnehmers gilt als gesichert, wenn er mit handelsüblichen Geräten und mit einem zumutbaren Antennenaufwand ein Programm in ausreichender Qualität empfangen kann[39].

Im Ultrakurzwellenbereich (UKW) bedeutet dies die Verwendung von Mittelklassegeräten mit eingebautem Gehäusedipol bzw. tragbaren Koffer- oder Kleingeräten mit ausgezogenem Teleskopstab[40].

Bei einer Aufteilung des Gebietes der Bundesrepublik Deutschland in Flächen mit Empfangsstärken von mindestens 0,5—1,0 mV/m ergeben sich in der Versorgungsleistung auf den UKW-Bändern[41] deut-

---
[37] Hörfunkprogramme I—III u. Fernsehregionalprogramm.
[38] *Mallmann*, Rundfunkreform, S. 39.
[39] *Institut für Rundfunktechnik*, Bericht, S. 2.
[40] *ARD-Denkschrift*, Einleitende Erklärungen zu Anlagen (Karten) 1 ff.
[41] *ARD-Denkschrift*, Anlage Karte 1.

A. Redaktioneller Programmbereich

liche Unterschiede. Von insgesamt 36 Gebietsstellen werden 10 durch das Programm einer einzigen Rundfunkanstalt versorgt. In 16 Gebietsteilen kann das Programm von zwei Sendeanstalten empfangen werden. Nur in den restlichen 10 Flächenzonen sind die technischen Voraussetzungen für einen Empfang von 3 und mehr Rundfunkstationen gegeben.

Danach ist innerhalb des UKW-Bereiches fast ein Drittel des Sendegebiets der Landesrundfunkanstalten unzureichend versorgt. Ein weiteres knappes Drittel kann als technisch gut versorgt gelten, während in den restlichen Zonen nur der minimale Grenzwert erreicht ist. Unzureichend versorgte Gebietsteile befinden sich vor allem in den Sendegebieten des NDR[42], BR[43], SWF[44] und WDR[45]. Es zeigt sich damit ferner, daß die großen Anstalten[46] bei der bisher geltenden Aufteilung der Sendegebiete eine technisch ausreichende Rundfunkversorgung im UKW-Bereich am wenigsten garantieren können.

Die Versorgungsleistungen auf der Mittelwelle (MW) sind am Tage[47] relativ besser als auf den UKW-Bändern. Bei einem Gebietsvergleich mit konstanten Empfangsstärken von 1 mV/m und vorausgesetzten Mittelklassegeräten mit eingebauter Ferritantenne[48] ergibt sich, daß 25 % des Gesamtgebietes nur von einer Rundfunkanstalt, weitere 25 % von zwei und das übrige Gebiet von drei und mehr Anstalten empfangstechnisch erreicht werden. Unzureichend versorgt sind auch hier vor allem Sendeteilgebiete des NDR[49], BR[50] und WDR[51].

Die These, wonach bestehende Großraumanstalten in ihrer gegenwärtigen Gebietsstruktur für eine Minimalversorgung der Bevölkerung mit Rundfunkinformationen ungeeignet erscheinen, bestätigt sich mithin auch hier. Diese Erkenntnis wird durch die technisch beträchtliche Verbesserung der Empfangsmöglichkeit im Mittelwellenbereich zur Nachtzeit nicht beeinflußt. Zwar steigt die MW-Reichweite in den Nachtstunden[52] durch die fehlende Energieabsorption in der D-Schicht der Ionosphäre fast auf das Vierfache an[53], doch bewirkt diese Verände-

---

[42] Schleswig-Holstein, östliches Niedersachsen.
[43] Nord-, Ost- und Südbayern.
[44] Südbaden.
[45] Niederrheingebiet.
[46] BR, NDR, WDR.
[47] *ARD-Denkschrift*, Anlage Karte 2.
[48] Ebenda (Einleitende Erklärungen).
[49] Schleswig-Holstein, Niedersachsen.
[50] Nord- und Ostbayern.
[51] Kleinere Teilgebiete (s. Karte 2).
[52] *ARD-Denkschrift*, Anlage Karte 3.
[53] Der sog. „fading-effect" verringert diesen Anstieg nur unwesentlich (IHB E 51).

rung keine Erhöhung der Selektionschance, da das Nachtprogramm jeweils nur von einer einzigen Rundfunkanstalt[54] durchgeführt wird.

Die Versorgungsleistungen auf der Kurz- und Langwelle brauchen nicht untersucht zu werden, da diese Frequenzen im Sendebereich der Landesrundfunkanstalten nur von ausländischen Stationen[55] und den bundesrechtlichen Anstalten „Deutschlandfunk" und „Deutsche Welle" genutzt werden.

b) Fernsehbereich

Eine lückenlose Versorgung durch das Fernsehgemeinschaftsprogramm der ARD garantieren naturgemäß nur die Stadtstaaten Bremen und Berlin[56]; dies gilt auch für die entsprechenden Regionalsendungen. Beim Empfang des Regionalprogramms der übrigen Anstalten werden die höchsten Werte vom HR und WDR[57], die niedrigsten dagegen vom SWF und BR[58] erzielt; hierbei sind indes die orographischen Gegebenheiten zu berücksichtigen[59].

Die Versorgungsleistungen beim ARD-Gemeinschaftsprogramm liegen 1,1 bis 1,7 % höher. Technische Lücken lassen sich hier indes durch Errichtung weiterer Füllsender schließen.

c) Internationaler Vergleich

Das Programmangebot in der Bundesrepublik und in Westberlin liegt unter dem Durchschnitt der benachbarten westeuropäischen Länder. So werden in Großbritannien vier Hörfunk- und drei Fernsehprogramme, in Italien zwei Voll- und drei Teilprogramme im Hörfunk sowie zwei Programme im Fernsehen angeboten[60].

d) Folgerungen

Die technischen Versorgungsleistungen der Landesrundfunkanstalten sind insbesondere im Hörfunksektor unzureichend. Umstrukturierungsmaßnahmen im Hinblick auf Sendegebietsveränderungen sind deshalb nicht nur zulässig, sondern geboten. Es muß die technische Gewähr

---

[54] Im wöchentlichen Turnus: BR, HR, SFB, SDR, WDR, (RB und NDR gemeinsam); vierzehntägig: SWF u. SR (o Qu.).
[55] u. a. *Rias Berlin (Hof), Voice of America.*
[56] Cfr. *Institut für Rundfunktechnik*, Bericht, Tab. 2.
[57] Ebenda: 97 und 96,7 %.
[58] Ebenda: 83,2 und 86,5 %.
[59] Ebenda, S. 3.
[60] *ARD-Denkschrift*, S. 14.

A. Redaktioneller Programmbereich

gegeben sein, daß in allen Flächenzonen minimal die Programme von zwei Rundfunkanstalten empfangen werden können. Nur bei Verwirklichung dieser technischen Alternativmöglichkeit läßt sich Meinungsvielfalt im Rundfunk überhaupt erzeugen.

Es wird an dieser Stelle deutlich, daß eine sinnvolle, d. h. funktional bestimmte Neuaufteilung der Sendegebiete nur realisierbar ist, wenn entsprechende Strukturpläne nicht von Landesgrenzen limitiert werden.

3. Programmversorgungsleistungen

a) Gegenwartssituation

In ausstrahlungstechnisch gut[61] versorgten Flächenzonen bedingt ein ausreichendes Informationsspektrum eigenständig-pluralistische Sendeangebote der Landesrundfunkanstalten.

Von der Anzahl der Rundfunkanstalten kann dabei nicht ohne weiteres ausgegangen werden, da dieser Wert mit der Zahl der ausgestrahlten eigenständigen Vollprogramme nicht kongruiert. Bereits seit längerem ist im Rundfunkwesen ein verstärkter Trend zur Koordinierung der Informationstätigkeit erkennbar[62].

Normative Basis dieser kooperativen Bestrebungen sind die in Anlage 1 genannten Länder- und Verwaltungsabkommen sowie entsprechende Bestimmungen in einigen Rundfunkverfassungen[63].

Rechtstheoretisch bleibt zwar die eigenständige Programmverantwortlichkeit der einzelnen Anstalt durch normierte Verzichts- und Kündigungsrechte[64] gewahrt, doch muß untersucht werden, ob und inwieweit diese Kooperationsmaßnahmen dem verfassungsrechtlichen Auftrag an die Rundfunkanstalten auf Emission eines Informationsspektrums noch genügen oder einer Revision bedürfen. Kriterien bilden dabei die im II. Kapitel Abschnitt „B" komplex verbundenen Fundamentalnormen der Art. 5 Abs. 1, 20 (28) GG.

---

[61] = Empfangsmöglichkeit des Programms von 3 und mehr Rundfunkanstalten.
[62] Zahlreiche Beispiele in ARD-Denkschrift, passim.
[63] BRG Art. 3; NDRStV § 5; SRG § 12; SFBS § 2 Satz 2; WDRG § 5.
[64] Verwaltungsabkomen der Landesrundfunkanstalten über die Zusammenarbeit auf dem Gebiet des Fernsehens (a.a.O.): Verzichts- u. Ersetzungsrecht unter Ziff. 6 Satz 1, Kündigungsrecht in Abschnitt 13 Satz 2; Verwaltungsvereinbarung für das Fernsehvormittagsprogramm zwischen ARD u. ZDF (a.a.O.): Ablehnungsrecht unter Ziff. 6 Abs. 3, Kündigungsrecht unter Ziff. 10 Satz 2; Verwaltungsvereinbarung über Zusammenarbeit im III. Fernsehprogramm (a.a.O.): Entscheidungsbefugnis § 2 Abs. 2, Kündigungsrecht § 5 Abs. 1 Satz 2.

Als konkrete Forderung an den Rundfunk stellt sich die Programmaufgabe, die im III. Kapitel A § 1 als Emission eines demokratiegerechten Informationsspektrums definiert wurde. Die Ausbildung dieses Spektrums hängt wesentlich von den Dimensionen eigenständiger Programmleistungen der Anstalten ab.

Nach den Berechnungen der ARD[65] ist der Anteil eigener Erstbeiträge im Hörfunkprogramm auf 30,5 % zurückgegangen. Ein gleich hoher Anteil besteht aus Wiederholungen. Fremde Programmbeiträge sind dagegen bereits zu 40,6 % im Gesamtangebot enthalten; sie betreffen die Verantwortungsbereiche aller Programm-Hauptabteilungen.

Die Frage, welchen informationspolitischen Bedeutungsgehalt die Fremdanteile in den einzelnen Programmsparten einnehmen, kann hier nicht beantwortet werden, da die erforderlichen Materialien einer hierauf gerichteten soziologischen Grundlagenforschung[66] nicht verfügbar sind. Generell lassen sich aus formaler Gestaltung und intendierter oder wesensimmanenter politischer Substanz ohne nähere Begründung keine Feststellungen über den politischen Wirkungsgrad im Empfangsbereich treffen. Die Ansicht von *Glotz*[67], Unterhaltungsabteilungen berührten den — wie er es nennt — „Rundfunkföderalismus" nicht, ist unbewiesen und enthält damit keinen wissenschaftlichen Aussagewert.

Es kommt im wesentlichen aber auch gar nicht darauf an, welche Meinungsvalenz den einzelnen Programm-Fremdleistungen zukommt. Der Rundfunk ist als ein politisch ausgerichteter Faktor[68] im gesamten Programmbereich dargestellt worden. Somit kann ohne weitere Differenzierung davon ausgegangen werden, daß der Fremdanteil von 40,6 %, der sämtliche Programm-Hauptabteilungen betrifft, eine erhebliche Begrenzung des Informationsspektrums darstellt.

Gegenüber dieser Feststellung weicht die rechtstheoretische Unberührtheit der Programmverantwortlichkeit jeder einzelnen Anstalt als mindergewichtig in den Hintergrund. Kooperativ übernommene Fremdleistungen führen gerade trotz bestehender Verzichts- und Ersetzungsrechte zu einem weitgehend homogenen Programmbild, weil sie einem primär etatpolitischen Rundfunkdenken untergeordnet sind.

Ist aber das komplex betrachtete Programm der Landesrundfunkanstalten durch die derzeit durchgeführten Kooperationsmaßnahmen weitgehend homogenisiert, so wird damit auch die ausstrahlungstechnisch gesicherte Möglichkeit des Empfangs von Programmen mehrerer

---

[65] ARD-Denkschrift, S. 26.
[66] Als Frage nach der politischen Valenz einzelner Aussagegehalte.
[67] RuF 1967, S. 376 (384).
[68] Dies wurde im II. Kapitel Abschnitt A ausführlich begründet.

A. Redaktioneller Programmbereich

Anstalten substantiell irrelevant. Eine ausreichende Versorgung mit Rundfunkinformationen ist daher im gesamten Gebiet der landesrechtlichen Sendeanstalten nicht mehr gegeben.

b) Lösungsmodelle

aa) Strukturelle Maßnahmen

Eine weitere Erhöhung des Anteils an Fremdprogrammleistungen und die Konzentrierung redaktioneller Einheiten[69], wie sie in der öffentlichen Diskussion unter gegenwärtig finanziellen Aspekten — wenn auch nicht ohne Bedenken — erwogen werden[70], verstärken den homogenen Charakter des Programms und sind deshalb ebenso wie Forderungen nach Verringerung des Programmangebots[71] als verfassungsrechtlich unzulässige Einschränkungen des Informationsangebots auszuschließen. Auch die Fusionierung einzelner Rundfunkanstalten ohne Strukturverbesserungen im gesamten Rundfunkbereich wäre eine partielle Maßnahme ohne verfassungsrechtliche Effizienz.

Als Lösungsmodell bietet sich nach den bisher gewonnenen Ergebnissen nur die Erweiterung des Informationsspektrums durch Schaffung funktionaler Neutralität und durch Programmkontrastierung der pluralistisch einzurichtenden Rundfunkinformationsquellen.

bb) Ausgewählte Probleme

Das hier entwickelte Lösungsmodell wirft einige Randfragen auf, von denen folgende untersucht werden sollen:

1. Bewirken generelle Umstrukturierungsmaßnahmen realiter ein meinungsdifferentes Spektrum?
2. Wird die Breite des Informationsspektrums durch fusionsbedingte Einwirkungen auf den Mitarbeiterstamm gefährdet?
3. Vernachlässigt der Rundfunk durch ebenfalls fusionsbedingte Auflösung von Klangkörpern seine musikpflegerische Aufgabe?

Ein meinungsdifferentes Spektrum kann nicht institutionell garantiert, sondern nur ermöglicht werden. Freiheit der Meinungsäußerung meint deshalb nur die rechtlich und technisch gewährte Chance ungesteuerter Denkbetätigung. Wird von dieser Chance Gebrauch gemacht und gleichwohl eine Meinungskonformität in Einzelfragen erzielt, so kann auch dieses konforme Ergebnis einer ungelenkten geistigen Aus-

---

[69] Ohne strukturelle Gesamtreformen i. S. eines ausreichenden Informationsspektrums.
[70] ARD-Denkschrift, S. 33.
[71] So *Glotz*, RuF 1967, S. 376 (382).

einandersetzung demokratiegerecht sein. Auf den Rundfunk bezogen bedeutet dies, daß auch redaktionell selbständige Anstalten zu homogenen Aussagegehalten gelangen können. Eine weitgehende Homogenität ist jedoch dann nicht zu besorgen, wenn sie die Rundfunkanstalten untereinander als publizistische Konkurrenz begeifen. Dieses in der Presse entwickelte Prinzip des „gesunden Wettbewerbs"[72] ist dem gegenwärtigen Rundfunkverständnis nicht immanent.

Auswirkungen auf die Personalstruktur der Anstalten sind bei Durchführung von Fusionsmaßnahmen unvermeidlich. Soweit es sich um den zahlenmäßigen Abbau des Mitarbeiterapparates in den Organisationsbereichen Technik und Verwaltung handelt, sind lediglich die gleichen sozialen Überlegungen wie bei Rationalisierungsvorgängen in der Wirtschaft anzustellen; auf den Prozeß der Meinungsbildung haben diese Strukturveränderungen keinen Einfluß. Personelle Auswirkungen im Programmbereich sind dagegen zwei einschränkenden Bedingungen unterworfen: 1. Die Zahl der redaktionellen und freien Mitarbeiter muß den publizistischen Wettbewerb unter den Rundfunkanstalten quantitativ noch gewährleisten[73]; 2. Die qualitativen Anforderungen an den Mitarbeiterapparat müssen im Interesse einer sachverständigen Information den wissenschaftlichen Erfordernissen der Gegenwart angepaßt werden[74].

Die Auflösung von Klangkörpern berührt die Frage nach der musikpflegerischen Verantwortung des Rundfunks. Es erscheint fraglich, ob die produktionstechnische Nutzung eines Klangkörpers durch den Rundfunk begrifflich mit einem Mäzenatentum verbunden ist und etatpolitische Entscheidungen weitgehend festlegt. Bejaht man diese Frage, so muß man in der Rundfunkgebühr notwendig auch einen Beitrag zur „Kulturpflege" sehen. Der Rundfunk als politische Institution der Gesellschaft ist aber primär der Inganghaltung des Meinungsbildungsprozesses verpflichtet. Allein der Sicherung dieser Aufgabe dient auch die Gebühr. Es hieße die Bedeutungsgehalte umkehren, wollte man die Pluralität von Klangkörpern aufrechterhalten, das demokratiegerechte Informationsspektrum aber — ebenfalls durch etatpolitische Überlegungen — einschränken. Der Abbau einzelner Klangkörper kann mithin keinen prinzipiellen Bedenken unterliegen.

---

[72] *Magnus* (Der Rundfunk, S. 16) hält diesen Wettbewerb noch aufgrund bloßer Existenz mehrerer Rundfunkanstalten für möglich.

[73] Es ist denkbar, daß bei Schaffung echter Meinungspluralität die Möglichkeiten für Mitarbeiter im Programmbereich sogar erweitert werden.

[74] *Windsheimer* (Die Information, S. 30) mißt dem Fachmann einen größeren Informationseffekt zu; er verweist auf die einflußreichste englische Wochenzeitung *The Economist*, bei der alle 36 Redakteure ein abgeschlossenes Studium nachweisen können.

A. Redaktioneller Programmbereich

III. Interdependenzwirkungen beim Rundfunk

1. Ausgangsposition

Im Spannungsfeld der öffentlichen Meinung wirkt der Rundfunk nicht als einziges Potential[75]. Presse und Film haben die gleiche funktionalbestimmte Tendenz. Es ist eine Frage der interpotentiellen Stellung aller drei Informationsgeber, ob und inwieweit Konzentrationsbestrebungen im Rundfunk auch in Relation zu den beiden anderen Potentialen zu setzen sind.

2. Rundfunk und Film

Der Film ist hinsichtlich seiner Bedeutung nicht in die Teilbereiche berichterstattender und Spielfilm zu trennen[76]. Berichterstattung und dramaturgisches Geschehen sind stets sozialbezogen, da sie ausgewählte gesellschaftliche Ereignisse präsentieren, die in der filmischen Bearbeitung durch Aufnahme und Schnittechniken notwendig subjektiviert sind[77]. Mithin kann nur zwischen materieller und formaler Substanz unterschieden werden. Der materielle Aussagewert gehört als Meinungsäußerung in den Schutzbereich des Art. 5 Abs. 1 GG, der künstlerische Gestaltungswert indes in den Grundrechtsbereich von Art. 5 Abs. 3 GG. Im meinungsgeprägten Produktionsbereich sind berichterstattender und handlungsbestimmter Film substantiell gleichwertig. In dieser komplexen Aussageform hat der Film auch Eingang in das Fernsehprogramm des Rundfunks gefunden; er geht darin jedoch nicht auf, sondern wirkt über den privatwirtschaftlichen Leihverkehr zusätzlich in die Öffentlichkeit hinein. Eine herausragende Komplementärwirkung wird zwischen Rundfunk und Film nicht erzielt.

3. Rundfunk und Presse

a) Strukturdifferenzen

Das Verhältnis des Rundfunks zur Presse stellt sich zunächst nicht nur formal, sondern auch historisch und strukturell anders dar als beim Film. Der Ansicht von *Arndt*[78], das *Bundesverfassungsgericht*[79] hätte „Pressefreiheit" und „Rundfunkfreiheit" zu Recht verglichen, kann

---

[75] *Eberhard* (Rundfunk als Organ, S. 61) weist mit Recht darauf hin, daß schon aus diesem Grund von einem Meinungsmonopol des Rundfunks nicht die Rede sein kann.
[76] Entgegen *von Mangoldt-Klein*, Anm. VII zu Art. 5.
[77] Auf die Ausführungen zu Kap. II, § 3 III 5 wird verwiesen.
[78] JZ 1965, S. 337 (339, li. Sp.); im Ergebnis ähnlich *Lenz*, JZ 1963, S. 338 (339, r. Sp.).
[79] BVerfGE, 205 (228, 260).

nur mit Bedenken gefolgt werden, weil durch den Vergleich die beiden Freiheiten im wesentlichen undifferenziert nebeneinander gestellt werden. Die Presse erfüllt zwar nach überwiegender Meinung[80] eine „öffentliche Aufgabe", doch ist mit dieser Aussage allein für das Wesensverständnis des Zusammenhanges von Presse und Rundfunk noch nichts gewonnen. Die Dimensionen der „Freiheit" sind inkongruent. Die im Bereich des Rundfunks unabdingbare Einrichtungsgarantie ist mit dem umstrittenen[81] institutionellen Schutz der Presse nicht gleichzusetzen[82]. Auch stellt die Presse strukturell kein gesellschaftlich kontrolliertes Organ dar, sondern bildet einen unter dem grundrechtlichen Schutz der Entfaltungsfreiheit (Art. 2 Abs. 1, 12 Abs. 1 Satz 1, 14 Abs. 1 GG stehenden privatwirtschaftlichen Unternehmenszweig[83]. Auch in technischer Sicht zeigen sich keine Parallelen[84]. Theoretisch ist die technische Gründung einer nahezu unbeschränkten Zahl von Presseorganen, nicht aber gleich vieler Rundfunkstationen denkbar.

Vergleichbar sind die Positionen nur in der polistischen Struktur und in der allgemeinen Funktionsrichtung[85]. Beide Informationspotentiale stellen in technischer Hinsicht Monopole dar und dienen der Emissionierung eines demokratienotwendigen Informationsspektrums entsprechend Art. 5 Abs. 1 (28) GG.

Das potentielle Verhältnis, das Rundfunk und Presse bilden, kann im wesentlichen nicht technisch, sondern nur funktionsanalytisch[86] begriffen werden. Dabei ist die rechtliche Einheit Rundfunk in die Rezeptionsbereiche Hörfunk und Fernsehen zu gliedern, während auf der Gegenseite die in Periodizität und Aktualität vergleichbare Tagespresse erscheint.

Von allen drei Informationspotentialen gemeinsam werden lediglich 23 % der Bevölkerung erreicht[87]. In unterschiedlichen Kombinationen

---

[80] So feststellend *Leisner*, Werbefernsehen, S. 193; neuerdings auch *Maunz-Dürig-Herzog*, Anm. 120 zu Art. 5.

[81] Übersicht der Meinungen bei *Bussmann*, Beziehung, S. 53/54.

[82] Die Formulierung von *Czajka* (Pressefreiheit, S. 153), Rundfunkfreiheit sei gleichsam die Fortsetzung der Pressefreiheit unter anderen Bedingungen und mit anderen Mitteln, erscheint ebenfalls zu ungenau; es fehlt auch hier die Frage nach der substanziellen Differenz.

[83] In der Eigentumsstruktur der Presseverlage überwiegt die handelsrechtliche Gesellschaftsform. Von 163 Verlagen werden nur 23 von Einzelkaufleuten geführt *(Michel-Kommission, S. 66, r. Sp.)*.

[84] Dies allerdings betont auch *Arndt*, JZ 1965, S. 337/339, r. Sp.

[85] Bereits von hier aus wird deutlich, wie problematisch es war, Pressefreiheit und Berichterstattungsfreiheit durch den Rundfunk in Art. 5 Abs. 1 Satz 2 GG redaktionell zu verbinden. Ähnliche Bedenken äußert auch *Werner Weber (NWD-Denkschrift, S. 63/64)*.

[86] Durch Darstellung der Nutzungsgewohnheiten der Rezipienten.

[87] *Michel-Kommission*, S. 144, li. Sp.

A. Redaktioneller Programmbereich

lassen sich durch die Tageszeitung 47 %, durch den Hörfunk 45 % und durch das Fernsehen 24 % informieren[88]. Demnach stellen insoweit weder die Presse noch der Hörfunk oder das Fernsehen ein Marktmonopol dar. Vielmehr sind alle drei Informationsträger absatztechnisch als fast gleichrangige oligopolistische Strukturen zu begreifen. Diese These wird durch eine Gegenüberstellung der monopotentiellen Nutzungsgewohnheiten ergänzend gestützt. Danach lassen sich ausschließlich durch den Hörfunk 10 %, durch das Fernsehen 5 % und durch die Tagespresse 9 % informieren[89]. Es ergibt sich mithin auch keine eindeutige Präferenz für ein bestimmtes Informationspotential.

Marktanteile allein sagen indes noch nichts über das funktionale Verhältnis aus. Es kommt in erster Linie auf die vermittelten Informationswerte an. Strukturell bedingte Themenmonopole enthalten im wesentlichen weder die Presse noch die elektronischen Informationsträger. Differenzen zeigen sich allein aufgrund des sog. Aktualitätsvorsprungs[90] der elektronischen Spezies. Beim Hörfunk und Fernsehen ist der „timelag"[91] aufgehoben. Die Nachricht gelangt an den Rezipienten auf elektronischem Wege schneller als auf dem der Drucktechnik. Dieser Zeitvorsprung in der Informationsgebung könnte zum Nachteil der Presse ausschlagen, wenn es ausschließlich auf den Tenor der Mitteilung ankäme. Soweit aber der Rezipient als Ergänzung des aktuellen Materials Hintergrundinformationen und ausführliche Meinungsmodelle verlangt, verringert sich bereits die redaktionelle Zeitdifferenz zwischen Rundfunk und Presse.

b) Komplementärsituation

Entscheidend für die Beurteilung der Relation von Fernsehen, Hörfunk und Presse ist, ob der Nachbezug von Informationen durch ein und dieselbe oder durch differente Spezies erfolgt. Komplementär- oder Alternativfunktionen der drei Informationspotentiale lassen sich nur aus den Nutzungsgewohnheiten ableiten und limitieren. Nach der im Bericht der *Michel-Kommission*[92] veröffentlichten Statistik wird die Tagespresse überwiegend als nachfolgende Informationsquelle in Anspruch genommen, wenn die Erstinformation durch Hörfunk oder Fern-

---

[88] Ermittelt aus Zahlenmaterial von DIVO-Infratest, in: *Michel-Kommission*, S. 144, li. Sp.
[89] *Michel-Kommission*, S. 144, li. Sp.
[90] *Michel-Kommission*, S. 144, r. Sp.
[91] *Wildenmann-Kaltefleiter*, Funktionen, S. 25.
[92] *Michel-Kommission*, S. 144. r. Sp.: In 34 % der Vergleichsfälle war der Hörfunk Erstinformant, in 36 % das Fernsehen und in nur 18 % der Fälle die Tageszeitung.

sehen erfolgte[93]. Daraus folgt zunächst die beherrschende Stellung der Presse als Zweitinformant. Betätigte sich die Presse dagegen als Vermittler von Erstinformationen, so traten als zweite Informationsquelle Hörfunk und Fernsehen im Vergleich zur Presse nur im verminderten Ausmaß in Erscheinung[94]. Hieraus ergibt sich, daß die Presse unabhängig von der Quelle der Erstinformation generell eine Ergänzungsfunktion ausfüllt. Ihr Verhältnis zu den elektronischen Informationsgebern muß deshalb korrelativ gesehen werden. Alle drei Spezies hemmen sich nicht gegenseitig, sondern ergänzen sich[95].

Erstinformation sowie Weckung und Befriedigung des Nachrichtenmehrbedarfs sind Teilbereiche eines komplexen Informationsvorganges, der den Bedürfnissen der Rezipienten vielschichtig entgegenkommt.

Aus dem Interdependenzverständnis von Rundfunk und Presse erwächst die Frage nach möglichen Rückwirkungen auf Konzentrationsbestrebungen im Rundfunk. Überlegungen in dieser Richtung erscheinen insbesondere durch tendenziell gleichartige Strukturveränderungen im Pressewesen erforderlich.

Nach dem Bericht der *Günther-Kommission*[96] hat die Konzentration im Pressewesen der Bundesrepublik und Westberlins in den letzten Jahren zugenommen. Bei steigenden Auflagen hat sich die Zahl der publizistischen Einheiten beträchtlich verringert[97]. Von den Konzentrationsbestrebungen, deren Ende noch nicht abzusehen ist, wurden innerhalb der letzten zehn Jahre mindestens 185 Zeitungsartikel betroffen[98].

Der Grad der Zusammenarbeit im Pressewesen weist Varianten auf. So werden Redaktionsgemeinschaften ohne sonstige wirtschaftliche Bindung, redaktionelle Kooperation auf gemeinsamer wirtschaftlicher Basis und Redaktionsgemeinschaften mit Schwerpunktbildung durchgeführt[99]. Lediglich die Hälfte aller Zeitungen verfügt noch über selb-

---

[93] Erfolgte die Erstinformation durch den Rundfunk, war die Tageszeitung zu 79 % nachfolgende Informationsquelle. Gelangte die Erstinformation durch das Fernsehen an die Rezipienten, so erfolgte als zweite Informationsquelle wiederum die Tageszeitung mit 72 %!

[94] Hörrundfunk zu 56 %, Fernsehen zu 43 %.

[95] *Bausch*, Rede vor dem Bundestagsausschuß für Wissenschaft, Kultur und Publizistik v. 8. 2. 1968 = HD Nr. 104, S. 2; *Dröge*, Aussagequelle, S. 36; *Lord Hill*, Präsident der BBC = HD Nr. 111, S. 3; *Michel-Kommission*, S. 253, r. Sp.

[96] S. 15, r. Sp.

[97] 1954 noch 225, November 1967 nur noch 156! (*Günther-Kommission*, S. 62, r. Sp.)

[98] 43 Zeitungen haben ihr Erscheinen eingestellt, 76 sind mit anderen vereinigt worden, und 52 haben Kooperationsmaßnahmen vereinbart (*Günther-Kommission*, S. 198 ff.).

[99] So bereits *Michel-Kommission*, S. 69, li. Sp.

A. Redaktioneller Programmbereich

ständige Vollredaktionen[100]. Von den unselbständigen Redaktionen wird der „politische" Teil der Zeitung fast vollständig[101], der Provinzteil zu einem großen Teil[102] übernommen. Bereits durch den Bericht der *Michel-Kommission*[103] wurde deutlich, daß sich der Anteil eigener redaktioneller Leistungen proportional zur Auflagenhöhe verhält. Je mehr die Zeitungen Fremdleistungen akzeptieren, desto größer ist indes die Gefahr der Auflösung des Informationsspektrums im intrapotentiellen Bereich der Presse. Das, was im Rundfunk als nivellierendes Element im Programm aufschien, findet seine Entsprechung in der weitgehenden Kooperation im Pressewesen. Die sog. „Redaktionsmittelpunkte" liefern an die Vertragsredaktionen weitgehend „neutralisierte" Beiträge. Damit werden aus ursprünglich meinungsdifferenten Presseeinheiten homogene Informationsträger ohne politischen Wert.

Wesentlich für das funktionale Interdependenzverhältnis von Presse und Rundfunk ist nun die Frage, ob und an welcher Stelle das von beiden Spezies emittierte komplexe Informationsspektrum unterbrochen ist.

In der überregionalen Berichterstattung ist keine Zeitung ohne Konkurrenz[104]. Die Rezipienten haben die Möglichkeit der Wahl. Inwieweit sie von dieser Wahl Gebrauch machen[105] und in welchem Ausmaß es auf Marktanteile einzelner Verlage ankommt, braucht hier nicht untersucht zu werden. Der Rundfunk steht als komplementäres Informationsmittel in der überregionalen Berichterstattung zur Verfügung.

In der regionalen und lokalen Berichterstattung, die von 84 % der Leser[106] zur Kenntnis genommen wird, zeigt sich die Konkurrenzlage anders. Bereits 1966 war ein Drittel der regionalen Abonnementszeitungen[107] praktisch konkurrenzlos. Dieser Anteil muß sich durch die rückläufige Entwicklung der Auflagenziffern zwangsläufig erhöhen. Die Auflagen der regionalen Klein- und Mittelpresse verringerten sich

---

[100] Zeitungen mit Vollredaktionen 1964 = 51,8 %, mit unselbständigen Redaktionen 45,9 % (*Michel-Kommission*, S. 69, r. Sp.).
[101] Zu 90 % (*Michel-Kommission*, S. 69, r. Sp.).
[102] Zu 40 % (ebd.).
[103] Zeitungen mit einer Verkaufsauflage bis zu 30 000 Exemplaren täglich weisen eine sinkende Kurve redaktioneller Eigenleistungen auf, die von maximal 59 % bis minimal 2 % (!) reicht (*Michel-Kommission*, S. 298, Anlage 30).
[104] So auch *Meyn*, Massenmedien, S. 40.
[105] Nach dem Bericht der *Günther-Kommission* (S. 39, r. Sp.) genügt es, wenn dem Bürger genügend Publikationsorgane zur freien Verfügung stehen.
[106] *Günther-Kommission*, S. 32, r. Sp.
[107] 30,5 % der Gesamtverkaufsauflage (*Michel-Kommission*, S. 74, li. Sp.).

stetig[108], während sie bei der überregionalen Großpresse anstieg[109]. Je mehr aber die publizistischen Großeinheiten in den lokalen Bereich eindringen[110], desto stärker wirken sie auf die regionale und lokale Konkurrenzsituation ein. Als Folge hieraus ergibt sich, daß die lokale Berichterstattung, die aus naheliegenden Gründen von der Großpresse nicht übernommen werden kann, zum Monopol einer einzigen Lokalzeitung wird. In mehr als einem Sechstel aller Land- und Stadtkreise der Bundesrepublik verfügten die sog. Heimatzeitungen bereits vor Jahresfrist über ein Monopol an lokaler bzw. regionaler Berichterstattung[111]. Inzwischen hat sich dieser Anteil auf fast ein Viertel erhöht[112]. Regionale und lokale Monopole haben sich dabei nicht nur in Mittel-[113], sondern auch in Großstädten[114] gebildet.

Die Folge dieser Entwicklung ist eine weitgehend einseitige Information über die Tätigkeit kommunaler Volksvertretungen und eine unprofilierte, „nivellierte" Auseinandersetzung mit den im regionalen oder kommunalen Bereich wirkenden gesellschaftlichen Kräften. Diese Aufhebung der Pluralität im Informationsangebot ist für den demokratischen Meinungs- und Willensbildungsprozeß eine konkrete Gefahr, da sie den notwendigen Raum freier Entscheidungsmöglichkeiten nicht mehr gewährt. Der im kommunalen und regionalen Bereich eingetretene Funktionsverlust der Presse[115] muß zwangsläufig auch Auswirkungen auf größere politische Räume haben, indem das Verständnis demokratischer Funktionalität negativ beeinflußt wird. Es sind somit Maßnahmen erforderlich, die einen regional bezogenen Meinungspluralismus informationspolitisch wieder ermöglichen.

Ob der Staat in diesem Zusammenhang verpflichtet ist, existenzgefährdete Zeitungen zu subventionieren und große Verlage in ihrer Marktexpansion gesetzlich zu beschränken[115a], kann dahinstehen, da sich

---

[108] Im Jahre 1967 um 5,8 bzw. 10,8 % (nach *Schmidt & Pohlmann*, Gesellschaft für Wirtschaftsanalyse und Markterkundung, Hamburg, in HD Nr. 110, 1968).

[109] Um 12,8 % *(Schmidt & Pohlmann*, a.a.O.).

[110] Der Gesamtmarktanteil stieg von 53,1 % im Jahre 1966 auf 58,5 % im Jahre 1967 *(Schmidt & Pohlmann*, a.a.O.).

[111] *Meyn*, Massenmedien, S. 40.

[112] Berechnungen nach Angaben der *Günther-Kommission*, S. 63.

[113] u. a. Limburg, Memmingen, Straubing und Tübingen (*Günther-Kommission*, S. 63).

[114] Freiburg, Karlsruhe, Mannheim (HD Nr. 111, 1968, S. 7) sowie Augsburg, Mainz, Oldenburg u. a. (*Günther-Kommission*, S. 63).

[115] *Meyn* (Massenmedien, S. 42) spricht vom Ausfall der Kritik- und Kontrollfunktion.

[115a] Von der Bundesregierung abgelehnt (cfr. Stellungnahme der Bundesregierung zum Schlußbericht der Pressekommission, Bundestagsdrucksache V/3856, Teil IV).

A. Redaktioneller Programmbereich

vom Interdependenzverständnis der Informationsbereiche Presse — Rundfunk her noch andere Alternativen aufzeigen.

Der von *Krause-Ablaß*[116] geforderte kommunale Sender unter gesellschaftlicher Kontrolle, der als komplementäres Informationspotential funktionieren könnte, ist indes trotz der Möglichkeit lokal bezogener Frequenzerweiterung — so im Gigahertzbereich — redaktionell und etatpolitisch in notwendig lückenloser Weise nicht zu realisieren. Auch Fernsehinformationen, die über erdumlaufende Relaisstationen im Weltraum in naher Zukunft transkontinental in ungeheurer Fülle zur beliebigen Verfügung stehen werden[117], sind bereits durch die tageszeitlich begrenzte Aufnahmebereitschaft der Rezipienten und durch die notwendig globalen Gehalte der Sendungen als Komplementärmittel zu den Regionalmonopolen der Presse ungeeignet[118].

Demgegenüber erweist sich die von den Mehrländeranstalten und dem WDR präsentierte Modellform des regionalen Studios[119] als realer Ausgangspunkt für einen Lösungsversuch. Studios sollen nach dem bisher vorherrschenden Verständnis den „Kulturwerten der einzelnen Landschaft"[120] dienen. Mit dieser Formulierung, die deutlich auf die Programmauffassung der Frühzeit des Rundfunks hinweist, wird der programmpolitische Wirkungsraum der Sendestellen funktional wesentlich eingeschränkt. Vom politischen Verständnis des Rundfunks her aber muß die Aufgabe eines Studios in der ausreichenden Darstellung und Analyse der Vorgänge des kommunalen und regionalen Eigenlebens bestehen. Presse und Rundfunk haben auch im engeren Bereich demokratischer Prozesse komplementär zu wirken und nicht nur überregional; dies umsomehr, als durch eine monopolisierte („Heimat"-) Presse die Gewähr einer meinungspolaren Information nicht mehr gegeben ist. Wenn der Rundfunk an dieser Stelle komplementär wirksam wird, so braucht und kann er dies notwendigerweise quantitativ nicht in dem Ausmaß bewirken wie das kommunale oder regionale Zeitungsmonopol. Es reicht aus, wenn die potentielle Gegenwart des Rundfunks in der politischen Öffentlichkeit zu einem bekannten Faktum wird. Die notwendige Auswahl von Sachfragen sollte dem Rundfunk dabei nicht nur Gelegenheit zur Transparentmachung der Funktionalität demokratischer Organe in Gemeinden sowie in Stadt- und Landkreisen geben,

---

[116] DÖV 1962, S. 249, li. Sp., 253, r. Sp., u. RuF 1968, S. 398 ff.
[117] *Jedele* in: „Jahre der Wende", S. 285 (288).
[118] Skeptisch gegenüber Kommunikationsmöglichkeiten durch Raumsatelliten zeigt sich auch *René König* (Vortrag auf der Jahrestagung der Deutschen Gesellschaft für Film- u. Fernsehforschung, 16. 5. 1968 in Köln, in: HD Nr. 11 (1968), S. 4/5.
[119] Geregelt in NDRS Art. 2 Abs. 2; SWFStV § 3 Abs. 2, S Art. 3; WDRS § 2.
[120] So SWFS Art. 3 Abs. 2.

sondern auch zur lebendigen und interessanten Gestaltung. Diese Studio-Auffassung erscheint geeignet, der komplementären Aufgabe gerecht zu werden; sie ermöglicht die Realisierung eines Optimums an berichtenden und kritischen Informationen innerhalb des begrenzten Sendegebietes.

Als konkrete Aufgabe stellt sich die der entsprechenden Funktionalisierung der bisher bestehenden und unter dem Komplementärverständnis noch neu einzurichtenden Regionalstudios.

Kooperationsvereinbarungen, die von der gemeinsamen Durchführung von Regionalsendungen ausgehen, können von der politischen und komplementären Aufgabe des Rundfunks her nur insoweit zulässig sein, als sie den Programm-„pool" für Werbe-Unterhaltungsfilme[121] betreffen, die keinen spezifisch regionalen Bedeutungswert aufweisen.

Die dem Rundfunk innerhalb des politischen Informationsbereiches zugewiesene Aufgabe, den historischen, konfessionellen und wirtschaftlichen Eigenheiten einer Landschaft durch regionale Beiträge zu entsprechen, wird durch das politisch funktional begriffene Landesstudio nicht einseitig limitiert, sondern nur in einem neu akzentuierten Programmverständnis angesiedelt, von dem aus sich die Vielseitigkeit öffentlichen Lebens prononcierter darstellen läßt.

B. Außerredaktioneller Programmbereich
§ 1 Wirtschaftswerbung als Integrationsaufgabe

I. Werbesendungen und Konzentrationsmaßnahmen

Bei überregionalen Werbeinteressen neutralisieren sich das fusionsbedingt verringerte Angebot an Sendezeit und das auf die Gesamtanstalt übergehende Interesse der werbetreibenden Wirtschaft. Bei der ebenfalls fusionsbedingten Kumulierung regionaler Werbeinteressen werden indes entweder Kontingentierung der Aufträge oder Erweiterung der Werbeblöcke innerhalb des Gesamtprogramms erforderlich. Inwieweit derartige Maßnahmen zulässig sind, hängt entscheidend vom begrifflichen Verständnis der Werbesendungen ab.

II. Organisationsgrundlagen der Rundfunkwerbung

Die Landesrundfunkanstalten stellen für Wirtschaftswerbung Sendezeiten im Hörfunk[122] und Fernsehen zur Verfügung. Das Werbe-

---
[121] *ARD-Denkschrift*, S. 28.
[122] Ausnahmen: WDR und NDR.

programm wird in der Regel außerhalb des anstaltlichen Redaktionsbereiches durch privatrechtliche Gesellschaften[123] gestaltet.

Die Kapitalanteile der Werbegesellschaften befinden sich in den Händen der Rundfunkanstalten; sie werden von leitenden Angestellten als Treuhänder gehalten[124].

Aufgabe der aus organisationstechnischen und steuerlichen Gründen ausgegliederten Werbegesellschaften ist es, Werbeaufträge zu beschaffen, Dispositionen zu treffen und abzuwickeln. Die unterhaltenden Rahmenbeiträge werden von den Gesellschaften produziert oder angekauft. Kooperative Maßnahmen der Werbegesellschaften untereinander basieren auf der Grundlage des Vertrages vom 1. 9. 1960[125].

Für die Programmverantwortlichkeit hat die privatrechtliche Ausgliederung der Werbung aus der Anstalt keine Bedeutung. Die den Rundfunkanstalten auferlegten Grundsätze für die Ausstrahlung von Sendungen müssen mangels anderslautender Bestimmungen notwendig für das gesamte Tagesprogramm, mithin auch für wirtschaftswerbende Programmteile gelten[126].

Ein ausdrücklich erteilter Auftrag zur Veranstaltung von Werbesendungen findet sich weder in den Landesrundfunkgesetzen noch in den betreffenden Staatsverträgen. Ausführliche Bestimmungen über Organisation, Durchführung und Programmkontrolle sind dagegen für den NDR[127] und SR[128] und BR[129] vorgesehen. In zwei Fällen[130] werden Werbesendungen in eine Kannbestimmung einbezogen. Den übrigen gesetzlichen Regelungen[131] kann mit Ausnahme von BR und WDR die Zulässigkeit von Werbesendungen analog entnommen werden.

III. Werbung als „öffentliche Aufgabe"

1. Begriffstechnische Überlegungen

Normativ sind die Wesenselemente der Werbung nicht komplex erfaßt, sondern über weite Rechtsgebiete verstreut. Eine einheitliche Auffassung über den Begriffsgehalt der Werbung hat sich bisher noch nicht

---

[123] Ausnahmen: Bei RB und ZDF ist Werbefunk bzw. Werbefernsehen jeweils eine Abteilung der Anstalt.
[124] *Michel-Kommission*, S. 23, li. Sp.
[125] Ebd.
[126] So BRS Art. 3 Abs. 2 c; NDRS Art. 3 Abs. 2 c; SRG § 35 Abs. 2 b.
[127] NDRS Art. 3 Abs. 2.
[128] SRG § 35, Verordnung § 2.
[129] BRS Art. 3 Abs. 2.
[130] NDRS Art. 3 Abs. 2; SRG § 35 Abs. 1.
[131] HRG § 3 Ziffer 10; SFBS § 4; SWFS Art. 40 Abs. 2.

herausgebildet[132]. Die Ursachen mangelnder Bestimmtheit dieses volkswirtschaftlich bedeutenden Funktionsintegrals liegen teilweise im historischen Verständnis. Geschäftsreklamen galten bis weit ins 19. Jahrhundert als wenig seriös und der kaufmännische Handelsbetrieb wurde überwiegend „face to face" abgewickelt[133].

Im Rundfunkprogramm erschienen Werbesendungen seit 1923, also praktisch mit Inbetriebnahme der Sender. In der Zeit des nationalsozialistischen Reichsrundfunks wurde Wirtschaftswerbung aus dem Programmbereich verbannt und erst nach 1945 wieder von den Länderrundfunkanstalten aufgegriffen.

Die technische Ausstrahlung des Werbeprogramms[134] sowie die Kapitalbeteiligung der Rundfunkanstalten an den ausgegliederten Werbegesellschaften ist nach *Ipsen*[135] zulässig, wenn der öffentliche Zweck, der den Rundfunkanstalten zugrundeliegt, eine Rechtfertigung bietet.

Der Begriff „öffentlicher Zweck" oder „öffentliche Aufgabe" ist in Lehre und Rechtsprechung noch weitgehend ungeklärt[136]. Die Interpretationsschwierigkeiten liegen im wesentlichen darin begründet, daß zwischen „öffentlicher" und „staatlicher" Aufgabe nicht immer folgerichtig unterschieden wird. Staatliche Aufgabe kann Werbung als notwendiger Bestandteil des Wirtschaftslebens nur dann sein, wenn auch die Wirtschaft selbst in den Kompetenzbereich des Staates gehört. Dem Grundgesetz sind eindeutige Aussagen in Fragen der Wirtschaftsverfassung und Wirtschaftsgestaltung nicht zu entnehmen. Die allgemeine wirtschaftliche Grundfreiheit, die mangels spezieller verfassungsnormativer Standorte als grundrechtliche „Unternehmensfreiheit"[137] in Art. 2 Abs. 1 GG[138] enthalten ist, sowie das Abwehrrecht des Art. 19 Abs. 2 GG gewährleisten eine Betätigungszone für freie wirtschaftliche Unternehmerinitiative ohne wesentlichen Staatsdirigismus[139]. Es kann dahinstehen, ob Art. 2 Abs. 1 GG insoweit als „Magna Charta" für das System der Marktwirtschaft[140] oder gegen die Wirtschaftssysteme des

---

[132] *Lerche*, Rechtsprobleme, S. 4.
[133] *Habermas*, Strukturwandel, S. 209.
[134] Das Programm besteht aus „harter Werbung" (spots) und unterhaltenden Programmbeiträgen.
[135] NJW 1963, S. 2102 (2108 r. Sp.).
[136] So auch *Leisner*, Werbefernsehen, S. 27; *Michel-Kommission*, S. 223 li. Sp.
[137] F. R. *Huber*, DÖV 1956, S. 135 li. Sp.
[138] *Maunz-Dürig-Herzog*, Anm. 46 zu Art. 2 Abs. 1 GG.
[139] Der allenfalls in den Grenzen des Art. 109 Abs. 3 und 4 GG als legitim erscheint.
[140] *Nipperdey*, Hans Carl: Die soziale Marktwirtschaft in der Verfassung der Bundesrepublik, 1954, S. 16.

Staatssozialismus oder der „staatlichen Kommandowirtschaft"[141] anzusehen ist. Von essentieller Bedeutung erscheint die Folgerung, daß durch Art. 2 Abs. 1 GG die wirtschaftliche Betätigung grundsätzlich dem freien Unternehmertum offengehalten wird. Vom Staat als wirtschaftsbeherrschender Potenz ist an keiner Stelle der Verfassung die Rede. Mithin kann auch die Werbung als „angewandtes Handlungsprinzip der Wirtschaft"[142] nicht in den Machtbereich des Staates, sondern nur in den ökonomischen Funktionsbereich der Wirtschaft betreibenden Kräfte selbst gehören. Über Verbraucheraufklärung, die Markttransparenz in kritischer Sicht verfolgt, braucht in diesem Zusammenhang nicht gesprochen zu werden.

Werbung scheidet damit als „staatliche" Aufgabe aus. Es verbleibt die Möglichkeit der öffentlichen Bedeutung. „Öffentlich" ist nach Hennis[143], was auf das politische Gemeinwesen Bezug nimmt. Dieser Bezug kann für die öffentlich-rechtlichen Rundfunkanstalten im Hinblick auf die Durchführung von Werbesendungen durch anstaltlich orientierte erwerbswirtschaftliche Überlegungen oder durch funktionsintegrale Motivation gegeben sein.

2. Erwerbswirtschaftliche Tätigkeit der Rundfunkanstalten

Die überwiegende Meinung[144] zählt die Rundfunkwerbung zum kommerziellen Bereich der Anstaten. Diese Auffassung kann aber nur dann vertretbar sein, wenn man in der Preisgestaltung der Werbefunk- und Werbefernsehgesellschaften das ökonomische Prinzip der Gewinnmaximierung verwirklicht sieht und den Landesrundfunkanstalten als öffentlichrechtliche Institutionen eine solche erwerbswirtschaftliche Betätigung erlaubt.

Gewinnmaximierung bedeutet betriebswirtschaftlich die Kongruenz von Grenzkosten und Grenzerlösen[145]. Dieses Prinzip verdeutlicht sich nach außen hin in der Preisgestaltung. Einflußnehmende Faktoren sind dabei in der Regel die polistische Struktur des Unternehmens und die Nachfrageelastizität des Marktes[146].

---

[141] *Maunz-Dürig-Herzog*, Anm. 46 zu Art. 2 Abs. 1.
[142] *Lerche*, Rechtsprobleme, S. 14.
[143] Begriff, S. 18: „quod ad statum rei publicae spectat".
[144] *Maunz-Dürig-Herzog*, Anm. 52 zu Art. 2 Abs. 1; *Hamann*, NJW 1957, S. 1422 f; *Jürgens*, Grenzen, S. 134; *Leisner*, Werbefernsehen, S. 121; *Lerche*, Rechtsprobleme, S. 21; *Hans Schneider*, Werbung, S. 13; *Ullrich-Thomsen*, NJW 1964, S. 574 (576 r. Sp.).
[145] Einnahmenzuwachs = Gesamtkostenzuwachs (*Carell*, Allg. Volkswirtschaftslehre, S. 174).
[146] *Carell* a.a.O., S. 143.

Im Hörfunk- und Fernsehbereich ist die Konkurrenzsituation trotz differenter polistischer Strukturen[147] indes kein preisbildender Faktor wie in typisch privatwirtschaftlichen Unternehmen. Durch eine nicht kostengerechte Preisgestaltung wurde der Interessentenkreis für Rundfunkwerbung von Beginn an limitiert. Die Einschaltpreise[148] entsprechen nicht dem tatsächlichen Kostenaufwand[149]. Dies veranschaulichen insbesondere die Bilanzen der Werbegesellschaften. Danach ergeben sich bei bereinigten Umsatzbeträgen erhebliche Nettogewinne[150]. Die Werbefunkgesellschaften erzielten, in absoluten Werten ausgedrückt, innerhalb der Jahre 1965, 1966 und 1967 jährliche Überschüsse von 13 bis 16 Millionen Mark, die Werbefernsehgesellschaften im gleichen Zeitraum Jahresgewinne von 58,9 bis 59,8 Millionen Mark[150]. Der erwerbswirtschaftliche Charakter der Rundfunkwerbung muß deshalb grundsätzlich bejaht werden. Eine besondere Form erhält diese Betätigung nur dadurch, daß Werbezeiten nicht, wie *Leisner*[151] annimmt, vorrangig nach wirtschaftlichen, sondern nach paritätischen Gesichtspunkten disponiert werden. Bei einem Nachfrageüberschuß werden Aufträge größerer Dimensionen gegenüber sog. Kleinbestellern gekürzt[152]. Diese Maßnahme soll verhindern, daß Großunternehmen durch gezielte Auftragspolitik monopolistische Verhältnisse schaffen, die andere Werbeinteressenten vom Rundfunk ausschließen.

Die erwerbswirtschaftlich erzielten Überschüsse werden in der Regel von den Rundfunkanstalten weitgehend absorbiert. Für „Spenden und Kulturhilfe"[153] wurden aus den Gewinnen der Werbefunkgesellschaften in den Jahren 1965—1967 jährlich rund 0,8 Millionen Mark verwendet[154]. Für gleiche Zwecke standen aus den Gewinnen der Werbefernsehgesellschaften 1965 noch 7,0 Millionen, 1967 dagegen nur noch 1,7 Millionen DM zur Verfügung[155]. Den Nutzen aus der erwerbswirtschaftlichen Betätigung als Werbeträger ziehen mithin die Anstalten selbst.

---

[147] Bei regionaler Werbung sind Hörfunk u. Fernsehen monopolistisch ausgerichtet, bei überregionaler Werbung im Hörfunk oligopolistisch, soweit die technischen Empfangsmöglichkeiten gegeben sind, im Fernsehen duopolistisch im Hinblick auf das ZDF.
[148] 60' im Fernsehen: 2000,— bis 22.000,— DM. 1' im Hörfunk: 12,— bis 27.— DM. (IHB D 1—9).
[149] u. a. Postleitungsgebühren, Kosten für Rahmenprogramme.
[150] ARD-Zahlenwerk, Anlagen 7 und 8.
[151] Werbefernsehen, S. 122.
[152] Hans *Schneider*, Werbung, S. 34.
[153] Entsprechend BRG Art. 15; HRG § 18 Abs. 3; NDRStV § 21 Abs. 2; SRG § 31 Abs. 2; SFBS § 7 Abs. 1c; SDRS § 5 f; SWFStV § 23 Abs. 2, S Art. 43; WDRG § 23.
[154] ARD-Zahlenwerk, Anlage 7.
[155] ARD-Zahlenwerk, Anlage 8.

B. Außerredaktioneller Programmbereich 65

Inwieweit erwerbswirtschaftliche Tätigkeit öffentlich-rechtlicher Institutionen gestattet ist, ist in ausdrücklichen Regelungen weder dem Grundgesetz noch den Landesverfassungen zu entnehmen. Die im wesentlichen auf Art. 2 Abs. 1 GG zurückzuführende Bestandsgarantie für die freie Unternehmerschaft[156] enthält keinen Schutz vor konkurrierender wirtschaftlicher Betätigung des Staates. Vielmehr muß den öffentlichrechtlichen Körperschaften das Recht zustehen, staatsfreie Aufgaben in Gewinnerzielungsabsicht zu erfüllen; denn es wäre wenig sinnvoll, die unternehmerische Tätigkeit dieser Institutionen generell nur auf subventionsbedürftige Betriebe zu beschränken. Von der Zulässigkeit öffentlicher Wirtschaftsunternehmen gehen Art. 110 Abs. 4 GG und Art. 80 ff. berlVf aus.

Einen relativierten Gewinnmaximierungsgrundsatz enthält dagegen § 88 schlhGO. Indes ist fraglich, ob Gemeinderecht, das in den Ländern hinsichtlich öffentlicher Wirtschaftsführung weitgehend dem § 67 DGO nachgebildet ist, eine analoge Anwendung auf andere juristische Personen des öffentlichen Rechts erlaubt.

Die Landesrundfunkgesetze bzw. Staatsverträge, die nur an wenigen Stellen[157] Prinzipien der Wirtschaftsführung behandeln, haben die erwerbswirtschaftlich organisierte Rundfunkwerbung nur unsystematisch erfaßt. Sie enthalten insbesondere keine Motivierung für die Erfüllung dieser Aufgabe.

So ungeregelt die Frage nach der Berechtigung und den Dimensionen öffentlicher Wirtschaftsbetriebe auch sein mag, aus den grundlegenden Verfassungsbestimmungen läßt sich ein prinzipielles Verbot solcher Betätigung nicht herleiten. Es kann deshalb zunächst von der Möglichkeit öffentlich-erwerbswirtschaftlicher Tätigkeit ausgegangen werden.

Die konkrete Berechtigung der Rundfunkanstalt zur Veranstaltung von Werbesendungen erscheint auf den ersten Blick durch finanzstrukturelle Überlegungen gegeben. Indes fragt sich, ob die eigentliche öffentliche Aufgabe von Werbesendungen nicht durch den Integrationsfaktor gestellt wurde.

3. Anspruch der Wirtschaft als integrierter Gesellschaftsfaktor

Nach der Entscheidung des *Bundesverfassungsgerichts*[158], die mit der hier vertretenen Auffassung im Prinzip übereinstimmt, kann der Rundfunk weder dem Staat noch einzelnen gesellschaftlichen Kräften aus-

---
[156] Ausdrücklich in bayVf Art. 151 Abs. 2 Satz 2, breVf Art. 39 Abs. 2 und rhpfVf Art. 52 Abs. 1.
[157] HRG § 18 Abs. 1, SRG § 29 Abs. 2: „Den Anforderungen wirtschaftlicher Finanzgebarung ist zu genügen".
[158] BVerfGE 12, 205 (262, 263).

5 Schneider

geliefert werden. In der Organisation und im Gesamtprogramm müssen alle „in Betracht kommenden Kräfte" beteiligt sein. So wenig deutlich diese Formulierung des *Bundesverfassungsgerichts*[159] auch sein mag, an dem organbezogenen Teilnahmerecht der Wirtschaft als bedeutender öffentlicher Faktor kann kein Zweifel bestehen. Auch die Berechtigung des Anspruches der Wirtschaft auf interessengemäße technisch-instrumentale Nutzung des Rundfunks ist zu bejahen. Das Interesse der Wirtschaft an Sendezeit korrespondiert mit dem gleichgerichteten Interesse der religiösen, weltanschaulichen und politischen Gruppen, die ebenfalls in den Rundfunk integriert sind.

Die Rundfunkanstalten sind mithin verpflichtet, Werbesendungen der Wirtschaft auf instrumentaler Grundlage durchzuführen[160]. Es ist in diesem Zusammenhang ohne Bedeutung, daß das Publikationsinteresse der Wirtschaft als einziger in den Rundfunk integrierten gesellschaftlichen Kraft auf erwerbswirtschaftlichen Prinzipien aufbaut; denn wäre Gewinnmaximierungsstreben grundsätzlich als unvereinbar mit dem gesellschaftlichen Repräsentationsgedanken angesehen worden, hätte auch die uneingeschränkte Beteiligung der Wirtschaft an den Kontrollorganen des Rundfunks nicht gebilligt werden können.

Die Integration der Wirtschaft in die gesamtgesellschaftliche Verantwortung des Rundfunks bedeutet indes nicht, daß für erwerbswirtschaftliche Werbezwecke ein Anspruch auf unentgeltliche Zuweisung von Sendezeit wie gegenüber den anderen gesellschaftlichen Gruppen besteht. Kontrollrecht und Nutzungsrecht sind nicht identisch. Die Rundfunkanstalten sind gehalten, die technisch-instrumentale Nutzung nicht in grundsätzlich ideeller, sondern in typischer Weise zu regeln. Wäre die Werbung im Rundfunk unentgeltlich, so käme den Wirtschaftsunternehmen ein stiller Gewinn durch Kostenersparnis für andere Werbemaßnahmen zugute, auf den sie keinen rechtlichen Anspruch hätten. Die Einschaltpreise für Rundfunkwerbung entsprechen deshalb der Herstellung eines marktwirtschaftlichen Äquivalents, wie es für unternehmerische Leistungen allgemein üblich ist.

Löfflers[161] Ansicht, daß die Durchführung von Werbesendungen im Rundfunk einem Doppelverkauf von Sendezeit gleichkäme, ist unhaltbar, weil weder die Werbeeinnahmen noch die Gebühren als Leistungsentgelt für eine ganz bestimmte Anzahl von Sendezeit anzusehen sind.

---

[159] a.a.O.

[160] Im Ergebnis übereinstimmend; *Feldmann*, Theorie, S. 163; *Forsthoff*, DöV 1957, S. 97 li. Sp.; *Fröhler*, Werbefernsehen, S. 66; *Groß*, DöV 1965, S. 443 (444 r. Sp.); *Krause-Ablaß*, RuF 1963, S. 129 (139); *Lerche*, Rechtsprobleme, S. 15.

[161] BB 1956, S. 729 (731 r. Sp.); hiergegen bereits IPSEN, NJW 1963, S. 2049 (2053 r. Sp.).

Vielmehr entsprechen die Einnahmegrundsätze dem instrumentalen und funktionalen Verständnis der Institution Rundfunk.

Abzulehnen ist aber auch die Auffassung von *Krause-Ablaß*[162], der in der Rundfunkwerbung überhaupt keinen erwerbswirtschaftlichen Nebenbetrieb der Anstalten sieht. Die wirtschaftliche Regelung der Werbesendungen ist gerade ein begriffsnotwendiger Bestandteil der öffentlichen Aufgabe, die der Rrundfunk gegenüber den gesellschaftlich integrierten Kräften zu erfüllen hat.

Als Konsequenz aus diesem Verständnis der Rundfunkwerbung ergibt sich die Forderung nach ausdrücklicher und eindeutiger Einbeziehung von Werbesendungen in das rundfunkgesetzlich geregelte Verlautbarungsrecht[163] für gesellschaftlich relevante Gruppen.

IV. Grenzen der Wirtschaftswerbung

1. Programmbereich

Die Durchführung von Werbesendungen darf die Erfüllung des politischen Programmauftrags nicht wesentlich behindern. Der Verwirklichung dieses einschränkenden Grundsatzes dienen in erster Linie die Zuteilung entsprechender Einschaltzeiten und der Ausschluß direkter Programmbeeinflussung durch die werbenden Unternehmen. Die zur Verfügung gestellten Werbezeiten[164] stellen sowohl im Hörfunk als auch im Fernsehen gegenwärtig nur einen Bruchteil des gesamten zeitlichen Programmangebotes dar. Bedenken gegen die quantitativen Dimensionen der Rundfunkwerbung lassen sich somit nicht erheben. Fraglich aber ist, ob nicht ein unzulässiger, indirekter Einfluß der Werbung auf das Gesamtprogramm besteht.

Werbeblöcke müssen notwendig in ein Programmschema eingebettet sein, das in formaler und inhaltlicher Form eine optimale Einschaltquote wahrscheinlich macht. Wirtschaftskritische Konsumanalysen eignen sich nicht als unmittelbare Programmhülle für Werbesendungen. Das zur Sicherung des Werbevertragszwecks „umgebende Programm" verlangt entweder Neutralität oder Förderung der Aufnahmebereitschaft der Rezipienten. Diese Programmkonzession gewährt der Wirtschaft als integriertem gesellschaftlichen Faktor indes noch keine unzulässige Sonderstellung. Auch die anderen Sendezeitberechtigten können verlangen, daß ihre Beiträge redaktionell nicht durch kritische Stellungnahmen unmittelbar umrahmt werden. Generell sind diese

---

[162] Zur Diskussion, S. 190.
[163] Als Beispiel für alle: HRG § 3 Zif. 7.
[164] Im Fernsehen in der Regel 20' täglich als Maximum (so ausdrücklich SRVO § 2 Abs. 2).

Konzessionen nicht als erhebliche Programmbeeinflussung zu werten; denn innerhalb der verbleibenden zeitlichen Dimensionen des Gesamtprogramms bleiben für kritische Beiträge ausreichende Dispositionsmöglichkeiten.

Neben der zulässigen mittelbaren Beeinflussung des Programms dürfen direkte Einwirkungen auf die Redaktionstätigkeit nicht toleriert werden. Die strukturelle Ausgliederung der Werbung aus dem Hauptprogrammbereich hat die unabdingbare Trennlinie zwischen beiden Bereichen sichtbar gemacht[165].

2. Einnahmebereich

Eine konkrete Gefahr des programmpolitischen Einflusses der wirtschaftswerbenden Kräfte besteht, wenn sich das Verhältnis zwischen Gebühreneinnahmen und Werbegewinnen in der Weise entwickelt, daß die erwerbswirtschaftlich erzielten Gewinne in der Einnahmenstruktur dominieren.

Ein Vergleich der Einnahmen aus Rundfunk- und Fernsehgebühren einerseits und Werbegewinnen andererseits zeigt für das Jahr 1966 Relationen[166], die bedenklich sind. Der Etat der Landesrundfunkanstalten und auch des ZDF wird bereits weitgehend aus Werbeeinnahmen gedeckt. Die Tendenzwerte verhalten sich gegenwärtig reziprok[167]. Damit wird deutlich, daß bei stagnierendem Nominalgebührenaufkommen[168] die finanzielle Leistungskraft der Anstalten nur durch konstante Werbeerträge erhalten werden kann. Die Funk- und Fernsehwerbung stellt sich damit als ein wesentlicher Faktor der finanziellen Existenzsicherung für die Anstalten dar.

Die erwerbswirtschaftlich-instrumentale Tätigkeit des Rundfunks hat indes dort ihre Grenzen, wo der Rundfunk durch anteilige Veränderungen der Finanzstruktur in weitgehende Abhängigkeit von Werbeaufträgen der Wirtschaft und damit zugleich vom volkswirtschaftlichen Konjunkturgefälle gerät. Eine solche Abhängigkeit gefährdet die politische Funktionalität des Rundfunks in entscheidender Weise. Mittelbare Einwirkungen auf Struktur und Programm führen zur Reduktion

---

[165] Nach SRG § 35 Abs. 3 ist jeder Einfluß von Werbeinteressenten auf das übrige Programm auszuschließen.

[166] ARD = 2:1; ZDF bereits 1,2:1! (errechnet aus Angaben der *Michel-Kommission*, S. 41, Tab. 41).

[167] ARD: Einnahmen aus Hörfunkgebühren nehmen ab, Erlöse aus der Hörfunkwerbung nehmen zu; Einnahmen aus Fernsehgebühren nehmen zu, Gewinne aus Fernsehwerbung nehmen ab. ZDF: Gebühreneinkünfte nehmen ab, die der Werbung dagegen zu. (*Michel-Kommission*, S. 131).

[168] Die Zuwachsraten sind vor allem beim Hörfunk nur noch gering (*Michel-Kommission*, S. 33, Tab. 27; *ARD-Denkschrift*, S. 64).

pluralistischer Meinungsgehalte und damit zur Gefährdung des Informationsspektrums.

Die Sicherung der demokratischen Aufgabe des Rundfunks erfordert die Schaffung und Aufrechterhaltung einer Einnahmenstruktur, die den notwendigen Leistungsstand in weitgehender finanzieller Autarkie garantiert. Diese Garantie kann nur in der Wiederherstellung eines funktionsgerechten Übergewichts des gesamtgesellschaftlichen Finanzierungsbeitrags, der Gebühr, gesehen werden. Werbeerträge haben etatpolitisch lediglich den Raum zwischen dem funktionsnotwendigen Minimum und dem programmpolitischen Optimum auszufüllen [169]. Soll die Summe der gegenwärtig erzielten Werbegewinne beibehalten werden, so muß konsequenterweise eine Erhöhung des Gebührenaufkommens erfolgen, die bei abnehmenden Zuwachsraten von Neuteilnehmern eine Heraufsetzung der Rundfunk- und Fernsehgebühren erforderlich machte.

V. Konsequenzen

Die Durchführung von Werbesendungen ist als „öffentliche Aufgabe" durch funktionsintegrale und etatpolitische Überlegungen begründet.

Die fusionsbedingte Kumulation regionaler Werbeinteressen kann durch Erweiterung des Sendezeitvolumens insoweit aufgefangen werden, als dadurch die politische Funktion des Rundfunks nicht wesentlich eingeschränkt wird. Bei der Erzielung unveränderter Gewinnspannen wird die Zuweisung von Sendezeit für Werbezwecke durch das Prinzip der finanziellen Unabhängigkeit der Anstalten gegenüber der Wirtschaft ausreichend limitiert.

§ 2 Rundfunkwerbung als instrumentale Wettbewerbssituation

I. Der Rundfunk als Werbeträger

Der Rundfunk steht als technischer Werbeträger nicht außerhalb des wirtschaftlichen Wettbewerbs. Werbefunk und Werbefernsehen stellen sich gegenüber den medialen Möglichkeiten der Presse, des Films, der Anschlagwerbung und anderen Werbeträgern nur technisch, nicht aber funktional als ein aliud dar. Die Erfüllung von Werbeaufgaben durch öffentlich rechtliche Anstalten begründet deshalb auch keine Relation

---

[169] *Stern* (Funktionsgerechte Finanzierung, S. 49), der eine Ausdehnung der Rundfunkwerbung empfiehlt, um damit die ultima ratio einer Staatszuweisung zu vermeiden, geht von der irrigen Voraussetzung aus, der Rundfunk habe keinen Anspruch auf bestimmte Einnahmen (S. 43). Eben diese unpolitische Sicht aber macht den Rundfunk finanziell manipulierbar. Der Rundfunk aber kann unter gesellschaftspolitischem Verständnis im wesentlichen nicht von einer Gruppe, sondern auch hier wieder nur von der Gesamtgesellschaft finanziell getragen werden.

sui generis[170]. Die erwerbswirtschaftlichen Motive stimmen überein. Werbung ist in allen ihren Verzweigungen ein einberechneter Faktor in betriebswirtschaftlicher Kostenrechnung. Auch steuerlich und bilanztechnisch erscheinen die Werbepositionen nicht getrennt nach öffentlich-instrumentaler und privatrechtlich-instrumentaler Nutzung. Der Rundfunk steht also, soweit er die technische Ausstrahlung von Werbesendungen übernimmt, im Wettbewerbsfeld erwerbswirtschaftlicher Betätigung.

Von Bedeutung ist die Frage, in welcher Weise diese Wettbewerbssituation auf Konzentrationsbestrebungen der Rundfunkanstalten einwirkt. Es handelt sich bei den einzelnen Werbeträgern (Hörfunk, Fernsehen, Presse, etc.) jeweils um instrumentale Monopole, die in formal unterschiedlicher Weise Werbeinhalte an die Rezipienten übermitteln. Innerhalb dieser monopolar gegliederten Struktur ist der Rundfunk gegenüber den anderen Werbeträgern in erster Linie durch den Preis gebunden. Das Interessengleichgewicht muß durch eine Preisgestaltung gewahrt bleiben, die sich vor allem aus der Substitutionskonkurrenz[171] mit der Presse, dem bedeutendsten Werbeträger nach dem Rundfunk, ergibt. Die Frage, ob das Interessengleichgewicht zwischen Rundfunk und Presse bereits gestört ist, kann nur unter Zugrundelegung betriebswirtschaftlicher Statistiken beantwortet werden, da ein direkter Vergleich der Werbepreise von Presse und Rundfunk wegen der strukturellen Verschiedenheit beider Werbeträger ausscheidet.

Ein Vergleich der Bruttoaufwendungen für Markenartikelwerbung läßt im Jahr 1968 einen Insertionsboom bei den Tageszeitungen erkennen, während beim Hörfunk nur noch normale Zuwachsraten, beim Fernsehen dagegen Regressionserscheinungen registriert werden[172]. Die Überwindung der allgemeinen Konjunkturabschwächung durch antizyklische Maßnahmen hat damit auf dem Werbesektor vor allem den Tageszeitungen einen Zuwachs gebracht, der als bisher größte Steigerung nach 1945 imponiert.

Eine Ertragsanalyse der Presse[173] ergibt für die Vergleichsjahre 1956 und 1964, daß einem Rückgang der Vertriebserlöse ein bedeutender Anstieg der Anzeigenerlöse gegenübersteht.

Insgesamt gesehen ergibt sich, daß zwischen Rundfunk und Presse kein existenzbedrohender Wettbewerb stattfindet[174]. Der komplexe

---

[170] *Krüger*, Massenmedien, S. 82.
[171] *Bussmann*, Beziehung, S. 38.
[172] Tageszeitungen = + 20,7 %; Hörfunk = + 13,0 % Fernsehen = — 2,0 % (HD Nr. 119, 1969, S. 1/2).
[173] *Michel-Kommission*, S. 132, Tab. 170.
[174] *Günther-Kommission*, S. 29 li. Sp. (die die Ergebnisse der *Michel-Kommission* bestätigt).

Pressebereich verfügt nach wie vor über die dominierende Stellung auf dem Werbemarkt. Die Gefährdung eines bedeutenden Teils der Tagespresse in ihrer wirtschaftlichen Existenz geht nicht vom Rundfunk, sondern von den sog. Publikumszeitschriften aus, mit denen die Tagespresse in einem scharfen Wettbewerb steht[175]. Insoweit erscheint die Forderung nach Privatisierung des Werbefernsehens, die inzwischen nur noch teilweise vertreten wird[176], als ungeeignetes Mittel der Strukturverbesserung der Tagespresse. Im Bereich der Hörfunkwerbung wären restriktive Maßnahmen von vornherein ohne erkennbare Aussicht auf Erfolg, da das Beispiel des NDR und WDR nachhaltig bewiesen hat, daß ein Verzicht des Rundfunks auf Werbung nicht der Presse zugute kommt, sondern einem instrumental gleichartigen Werbeträger[177].

II. Konsequenzen

Rundfunkwerbung ist auch nach Wettbewerbsgesichtspunkten zulässig, da sich die hierauf gerichtete Tätigkeit der Anstalten nicht in existenzgefährdender Weise gegen die Presse richtet[178]. Eine fusionsbedingte Neuregelung von Werbesendungen wird im Verhältnis zu anderen Werbeträgern lediglich das Verbot der Festlegung von sog. Kampfpreisen zu berücksichtigen haben, damit der Rundfunk auf dem Werbemarkt als instrumentaltechnischer und nicht als wirtschaftlicher Konkurrent erscheint.

C. Gesellschaftlicher Kontrollbereich

§ 1 Rundfunkorgane als Möglichkeit institutioneller Funktionsgewähr

Die Emission eines demokratiegerechten Informationsspektrums ist nur möglich, wenn die ausführenden und kontrollierenden Organe im Rundfunk strukturell und funktional selbst demokratischen Prinzipien entsprechen[179]. Ein geläutertes Programmverständnis muß deshalb von einem funktionsentsprechenden Organverständnis begleitet werden.

---

[175] Dies., S. 28 r. Sp. Die Aussage wird gestützt durch einen Vergleich der Marktanteile für das Jahr 1968 (in Klammern die Ergebnisse von 1967): in % Tageszeitungen = 25,1 (23,4); Hörfunk = 5,1 (5,1); Fernsehen = 18,6 (21,3) und Zeitschriften = 51,2 (50,2).
[176] *Gerstenberg* (Vorsitzender des Vereins Niederdeutscher Zeitungsverleger) in: HD Nr. 111 1968, S. 5.
[177] RADIO LUXEMBURG [*Glotz*, RuF, S. 376 (385)].
[178] *Löffler* (BB 1956, S. 729/731 li. Sp.) sieht in der Rundfunkwerbung einen Angriff auf den durch Art. 14 GG garantierten Eigentumsstand der Presse als privaten Wirtschaftszweig, belegt diese Behauptung jedoch nicht durch Zahlenmaterial.
[179] Als ebenfalls „mit"-wirkende Kräfte im Willensbildungsprozeß müssen sie notwendig den gleichen Anforderungen genügen wie die Parteien (Art. 21 Abs. 3 GG; §§ 6—16 Partei G).

§ 2 Präsente Strukturen

Oberstes Organ der Rundfunkanstalten ist der Rundfunkrat[180], der für 2 bis 5 Jahre von den landesgesetzlich bestimmten Gesellschaftsverbänden oder den Landesparlamenten[181] gewählt wird.

Der Verwaltungsrat[182], der die laufenden Geschäfte der Anstalt kontrolliert, geht in der Regel aus Wahlen des Rundfunkrates hervor. Seine Amtsdauer beträgt 1 bis 7 Jahre. Als Mitglieder des Verwaltungsrats einiger Anstalten werden auch Vertreter der Länderregierungen[183], der Parlamente[184] und der oberen Landesgerichte bestimmt[185].

Der Intendant[186] leitet die Anstalt nach im wesentlichen übereinstimmender Aufgabendefinition. Er wird für eine Zeit von 3 bis 9 Jahren gewählt.

§ 3 Reformerwägungen

I. Organstruktur

1. Rundfunkrat

a) Aufgabenprinzip

Die Frage, wer den Rundfunk verantwortlich betreibt, hat weder der für den legislativen Schöpfungsakt jeweils zuständige Landesgesetzgeber noch das Bundesverfassungsgericht eindeutig beantwortet. Während die Landesrundfunkgesetze den institutionellen Veranstalter des Programms an keiner Stelle erwähnen, schließt das Bundesverfassungsgericht[187] im Wege negativer Abstraktion den Staat und einzelne gesellschaftliche Gruppen als beherrschende Kräfte von der verantwortlichen Durchführung von Rundfunkprogrammen aus. Den „in Betracht kommenden Kräften"[188] wird lediglich ein „Einfluß"[189] auf die

---

[180] Als landesgesetzliches Beispiel für alle: BRG Art. 6, 7; VO §§ 1—8.

[181] Wahl durch das Landesparlament beim NDR (StV § 8 Abs. 2), WDR (G § 8 Abs. 2). Überwiegend durch das Parlament beim SR (G § 16 Abs. 3, 4), teilweise Direktwahl beim SFB (S § 6 Abs. 3) mit Bestätigung des Gesamtrates durch den Senat (S § 6 Abs. 5 Satz 2, 3).

[182] Als landesgesetzliches Beispiel für alle: BRG Art. 8 ff., S Art. 6.

[183] z. B. SRG § 22 Abs. 1 Satz 2; SWFStV § 12 Abs. 2 Satz 3.

[184] Nach BRG Art. 9 ist Vorsitzender des Verwaltungsrates beim BR der Präsident des bayrischen Landtages. Entsprechend SDRS § 7 Abs. 1 werden 4 Mitglieder des VR vom Landtag gewählt.

[185] BRG Art. 8 Abs. 1 Satz 1; HRG § 11 Abs. 1 (2.); RBG § 9 Abs. 1.

[186] Als landesgesetzliches Beispiel für alle: BRG Art. 12; S Art. 7.

[187] BVerfGE 12, S. 205 (262).

[188] BVerfGE 12, S. 205 (263): Die Bestimmung der in Betracht kommenden Kräfte wollte das Gericht offenbar den Landesgesetzgebern überlassen.

[189] Auch diesen Begriff hat das Bundesverfassungsgericht nicht näher erläutert.

C. Gesellschaftlicher Kontrollbereich

Organisation des Rundfunks eingeräumt. Das Verbindlichmachen der Sendegrundsätze dagegen hat das Bundesverfassungsgericht[190] den Landesgesetzgebern als Aufgabe zugewiesen.

Der Leerraum, den das sog. Fernsehurteil in dieser Frage zurückgelassen hat, kann dem Gericht insoweit nicht angelastet werden, als über die grundsätzliche Bedeutung des Rundfunks nicht zu befinden war. Der über die aktuelle Sachfrage hinausgehende bleibende Wert der Fernsehentscheidung beruht im wesentlichen auf der Trennung der Kompetenzbereiche Technik und Programm.

Ausgangspunkt einer Bedeutungsanalyse des Rundfunkrates kann nur die in Art. 5 Abs. 1 in Verbindung mit Art. 20 (28) GG qualitativ bestimmte Freiheit der öffentlichen Meinungsbildung sein. Soll die Information für den demokratischen Meinungs- und Willensbildungsprozeß in der Weise wesensnotwendig sein, daß sie die Substanz für Stellungnahmen und Entscheidungen der Gesellschaft als staatstragender Aktivbürgerschaft liefert, so muß eben diese Gesellschaft auch vollverantwortlich darüber entscheiden können, welcher Informationen sie bedarf. Diesen Entscheidungsraum bietet potentiell das Organ des Rundfunkrates. Die ausreichende Funktion dieser Institution hängt indes weitgehend davon ab, inwieweit sich die Gesellschaft darin wirksam repräsentiert und welche konkrete Macht sie an dieser Stelle ausübt.

b) Repräsentationsprinzip

Die landesgesetzlich bestimmten Rundfunkmodelle sind unterschiedlich ausgeprägt. Strukturell am vielfältigsten zeigt sich der Fernsehrat des ZDF[191]. Der Rundfunkrat des SFB[192] erweist sich dagegen als Organ mit der geringsten Pluralität. Das relativ günstige Vertretungsverhältnis beim NDR und WDR erhält dadurch einen anderen Akzent, daß die gesellschaftlichen Gruppen lediglich dem Programmbeirat[193] angehören, der auf die Wahl von Rundfunkorganen keinen Einfluß hat und dessen Beschlüsse nicht bindend sind.

Arithmetisch läßt sich das Problem angemessener gesellschaftlicher Repräsentanz im Rundfunkrat nicht lösen. Weder Art. 5 Abs. 1 GG noch die Landesrundfunkgesetze oder festgefügte Meinungen geben für die

---

[190] a.a.O., Leitsatz 10, S. 206, 263.
[191] ZDFStV § 14.
[192] Den 7 vom Parlament zu bestimenden Rundfunkratsmitgliedern stehen im Vergleich zur Fernsehratsstruktur des ZDF 11 nicht vertretene Gruppen gegenüber (SFBS § 6 Abs. 3), beim HR sind es 10 (HRG § 5 Abs. 2), beim BR (BRG Art. 6 Abs. 2) und SDR (SRDS § 4 Abs. 2) jedoch nur 2.
[193] NDRStV §§ 7, 16, S §§ 22 ff.; WDRG §§ 17, 18, S §§ 19 ff.

Lösung dieser Frage quantitative Anhaltspunkte. Der den Programmbeiräten des WDR und NDR und dem Fernsehrat des ZDF zugrundeliegende Katalog vielschichtiger öffentlicher Interessen erscheint nicht als Optimum, sondern zunächst nur als Grenzstruktur, innerhalb der bereits die Frage nach der Arbeitsfähigkeit dieser Gremien auftaucht. Die Tatsache, daß sich zwei dieser Modelle in Mehr- bzw. Allländeranstalten finden, weist zunächst darauf hin, daß pluralistische Strukturen auch dann realisierbar sind, wenn der Rundfunk nicht nur von den gesellschaftlichen Kräften eines einzigen Landes getragen wird. Das im Vergleich hierzu abfallende Strukturbild im Rundfunkrat der Zweiländeranstalt SWF[194] sagt noch nichts über die verfassungsrechtliche Zulässigkeit aus. Es ließe sich lediglich durch einen Vergleich der Strukturen feststellen, ob und inwieweit durch das Auslassen bestimmter gesellschaftlicher Gruppen eine Tendenz verfolgt wird, die dem Gleichheitsprinzip des Art. 3 Abs. 3 GG widerspricht. Dieser Vergleichsgrundsatz hätte auch für den SFB zu gelten, dessen Strukturzahl rechnerisch einen extremen Unterwert[195] angibt.

Der Rundfunkrat als funktionales Kontrollorgan ist die institutionelle Repräsentanz der für den Rundfunk zuständigen und verantwortlichen Gesellschaft. Dieses Ratskollegium kann indes nicht einer maximalen Zahl von Gruppen und Verbänden eine direkte Vertretungschance gewähren; ein derart hypertrophes Organ wäre nicht mehr arbeitsfähig. Andererseits bedingt die pluralistische Gesellschaftsstruktur eine mindestens annähernd pluralistische Repräsentanz. Als Ausweg aus dieser Situation muß ein institutionelles Organ geschaffen werden, in dem die Gesamtgesellschaft in all ihren öffentlich relevanten Verzweigungen[196] gleichberechtigt vertreten ist. Diese als Generalversammlung des Rundfunks zu bezeichnende gesellschaftliche Vertretung, die ihrerseits wiederum aus demokratisch gewählten Verbandsrepräsentanten zu bestehen hat, hätte aus ihrer Mitte heraus arbeitsfähige Kontrollorgane in gesetzlich geregelter Abstimmung zu nominieren. Es könnte dabei nicht von einem bestimmten Vertretungsmodell ausgegangen werden. Vielmehr müßte der den Rundfunk tragenden Gesellschaft selbst überlassen bleiben, welche Gruppen sie repräsentativ in den Kontrollorganen wirken lassen will. In einem festzulegenden Turnus wären bestimmte Mitgliederanteile der delegierten Ratsgremien durch Vertreter anderer Gruppen zu ersetzen, um das Repräsentationsspektrum zeitschichtig zu verwirklichen und die Voraussetzungen für eine gesellschaftspolitisch dynamische Funktion der

---

[194] —9 zur Optimalzahl 21 (SWFStV § 10 Abs. 2).
[195] Cfr. Anm. 19.
[196] Wie sie etwa im optimal gestalteten Modell des NDR, WDR u. ZDF aufscheinen.

beiden traditionellen Kontrollorgane Rundfunkrat und Verwaltungsrat zu schaffen.

Soweit die Berufung der Räte bisher durch das Parlament erfolgt, sind aus dem hier vertretenen Verständnis des gesellschaftlichen Rundfunks ernste Bedenken zu erheben. Das Parlament stellt als Parteiengremium gerade nicht die Gesamtgesellschaft dar, die im demokratischen Staat als Machtkorrektiv wirken soll. Vielmehr befinden sich auch das Parlament selbst im Gegenüber zur gesellschaftlichen Kontrolltätigkeit. Der eigentliche Repräsentationscharakter des Parlaments ist durch die exklusive verfassungsrechtliche Stellung staatstragender Parteien weitgehend aufgehoben[197]. Das Plenum dient nahezu ausschließlich der Transmission bereits getroffener Absprachen der Parteien in den Exekutivapparat des Staates. Dagegen findet die Diskussion als wesensmäßige Grundlage demokratischen Lebens gegenwärtig nicht mehr im Parlament, sondern in verstärktem Maße in der publizierenden Öffentlichkeit statt[198]. Dem Parlament bleibt, wie *Franz Schneider*[199] in berechtigter Resignation feststellt, im wesentlichen nur noch die Abstimmung. Dieser Funktionsverlust des vom Volk gewählten gesetzgebenden Organs veranschaulicht indes nicht nur die Entwicklung in der Bundesrepublik. Es handelt sich vielmehr um eine Erscheinung, die tendenziell in allen westlichen Demokratien, wenn auch in unterschiedlicher Intensität, registriert wird[200].

Dem Rundfunk ist gegenüber dieser Entwicklung im Parlamentswesen kein Vorwurf zu machen. Vielmehr muß festgestellt werden, daß er sich bemüht, die „schwindende Evidenzkraft des Parlaments"[201] durch die ihm gegebenen Mittel aufzuhalten. Es ist nunmehr Sache des Parlaments selbst, seine weitgehend deklaratorisch gewordene Funktion neu zu bestimmen. In seiner gegenwärtigen Struktur scheidet das Parlament indes als Repräsentant der Gesamtgesellschaft mit dem Recht zur unmittelbaren Bildung der Rundfunkorgane aus.

c) Präsenz von Regierungsvertretern

In die Organe einiger Rundfunkanstalten werden unter Berufung auf landesgesetzliche Anordnung[202] Vertreter der betreffenden Landesregierungen entsandt.

---

[197] So bereits *Carl Schmitt*, Verfassungslehre, S. 248, 319.
[198] *Franz Schneider*, Politik und Kommunikation, S. 39; *Leibholz*, Strukturprobleme, S. 94.
[199] *Franz Schneider*, a.a.O.
[200] *Leibholz*, a.a.O., S. 95.
[201] *Franz Schneider*, a.a.O.
[202] Cfr. Anm. 183.

Für die Rechtmäßigkeit dieser Entsendung lassen sich den legislativen Rundfunkbestimmungen keine Motive entnehmen. Kriterium kann auch hier nur das bereits entwickelte Modell des demokratiegerechten Rundfunks sein.

Objekt landesrechtlich geordneter Rundfunktätigkeit ist das Informationsspektrum, das der Staatsbürger zur Ausfüllung seiner Mitbestimmungsfunktion benötigt. Die Bestimmung von Art und Ausmaß der notwendigen Informationen kann begriffsnotwendigerweise nicht von demjenigen ausgehen, dessen Tätigkeit gerade im kritischen Blickfeld des Bürgers steht, sondern nur von dem, der die Information berechtigterweise als Grundlage seiner Entscheidungsfreiheit im politischen Meinungs- und Willensbildungsprozeß ansieht. Gehört damit die Information in den Kompetenzbereich der Gesellschaft als der Gesamtheit der Staatsbürger, so fehlt der anteiligen Präsenz der Regierungen im Rundfunkrat jedes rechtliche Motiv.

Die auf die Anordnung der amerikanischen Militärregierung[203] zurückgeführte staatsfreie Zone Rundfunk innerhalb ihres Einflußgebietes ist generelle Garantie demokratiegerechter Staatsfunktion, nicht aber ein Relikt der Besatzungszeit, das als Mißtrauensäußerung gegenüber deutscher Staatlichkeit endlich abgebaut werden müßte. Es muß auch für den grundgesetzlichen Bereich gelten, daß der Staat selbst nicht mehr in demokratischer Weise funktionieren kann, wenn er die ihn kontrollierenden Mächte durchdringt.

Es ist *Jank*[204] zuzustimmen, wenn er die Rundfunkratsstruktur beim NDR und WDR bereits mit der beider Bundesrundfunkanstaten (Deutschlandfunk und Deutsche Welle) vergeicht. Die Entwicklung im deutschen Rundfunkwesen tendiert allgemein von der ursprünglich pluralistischen Anstalt zum vornehmlich „staatlich — politischen Typ"[205]. Die gesellschaftlichen Kräfte dagegen werden in die ausschließliche Funktion eines beratenden Ausschusses zurückgedrängt[206]. Bleibt diese Tendenz bestehen, so ist die Gefahr, daß der Staat den Rundfunk als einen der wichtigsten Informationsfaktoren beherrscht, erkennbar gegeben. Auf die Vertrauenswürdigkeit des Staates, wie *Reichert*[207] meint, kann es in diesem Zusammenhang nicht ankommen. Auch der Einwand

---

[203] *Lucius D. Clay*, zitiert in: *Archiv für das Post- und Fernmeldewesen* Nr. 6, Nov. 1949, S. 322.
[204] Rundfunkanstalten, S. 34.
[205] Gegenwärtig neben WDR und NDR auch SR, SFB und SWF.
[206] NDRS Art. 23; WDRG § 18 Abs. 1.
[207] Kampf um die Autonomie, S. 269.

von *Lenz*[208], das Staatsfreie im Rundfunk sei nicht positiv, vermag ohne Angabe näherer Gründe nicht zu überzeugen.

Den Vertretern des Staates ist deshalb entgegen der Ansicht des Bundesverfassungsgerichts im sog. Fernsehurteil[209] kein Anspruch auf angemessene Beteiligung in den Rundfunkorganen zuzubilligen[210].

Unberührt bleibt das Recht der Regierung, auf das Informationsspektrum wie jeder andere Informant durch Übermittlung von Nachrichtenmaterial[211] einzuwirken. Soweit es sich um amtliche Bekanntmachungen handelt, wird dem Publikationsbedürfnis der Regierung durch das in den Landesrundfunkgesetzen geregelte Verlautbarungsrecht[212] Rechnung getragen.

d) Präsenz von Parteivertretern

Art. 21 Abs. 1 Satz 1 GG und sinnentsprechend § 1 ParteiG gewährleisten die Mitwirkung der Parteien an der politischen Willensbildung des Volkes.

Die Parteien wirken indes realiter nicht nur mit, sondern monopolisieren die Willensbildung, soweit sie dem parlamentarisch institutionalisierten Weg zugewiesen ist[213]. Sie sind die eigentlich Regierenden, die von den Wahlen ab die politische Exekutive bis in den Oberbau hinein durchdringen. Ihren „extra-konstitutionellen Status"[214] haben sie weitgehend eingebüßt. Art. 21 Abs. 2 Satz 1 GG etabliert die Parteien als staatstragende Kräfte und hebt sie damit verfassungsrechtlich in eine Höhe, von der aus sie ihre grundlegende Legitimation weniger vom Volk selbst als vielmehr von ihrer Inkorporation in das Verfassungsgefüge beziehen.

Für eine parlamentarische Form der Demokratie sind Parteien als Repräsentationsorgane unentbehrlich. Sie haben jedoch keine Ähnlichkeit mit dem Vertrauensmännersystem, das *Isokrates*[215] in seinen Schriften „Panathenaikos" und „Areopagitikos" als mittelbare Demokratie bei uneingeschränkter Kontrollmacht der Volksversammlung vorsah. Die Bedürfnisse des griechischen Stadtstaates stimmen entwicklungsbedingt mit denen eines modernen Industrie- und Massen-

---

[208] JZ 1963, S. 338 (339, li. Sp.).
[209] BVerfGE 12, 205 (263).
[210] So auch *Krause-Ablass*, JZ 1962, S. 158 (160, li. Sp.).
[211] In diesem Fall durch die amtlichen Presse- und Informationsabteilungen.
[212] Als Beispiel für alle: NDRStV § 6. Ausnahme: Für den SFB ist keine Regelung getroffen.
[213] Leibholz, Strukturprobleme, S. 72; Werner Weber, Spannungen, S. 23/24.
[214] *Leibholz*, a.a.O., S. 72.
[215] Zitiert bei *Verdross-Drossberg*, Grundlinien, S. 59.

staates nicht überein; gleichwohl wäre es vermessen und für die demokratische Staatsform bestandsgefährdend, wollten sich die Parteien als politisch omnipotente Wesen verstehen, die sämtliche Verzweigungen eines pluralistischen Meinungs- und Willensbildungsprozesses ausreichend zu repräsentieren vermögen. Demokratie in der organisierten Großgesellschaft gewinnt dynamisches Eigenleben nicht durch Kanalisierung der politisch-gesellschaftlichen Kräfte, sondern setzt ein „System differenzierter Gruppenfilter"[216] voraus. Politisches Geschehen lokalisiert sich damit ausschließlich weder in einzelnen Parteien noch im Parlament[217]. Die „politisch freie Gesellschaft"[218] bedarf eines ebenso freien Raumes, um als das notwendige „ewige Ärgernis staatlicher Machtausübung"[219] politisch wirksam sein zu können. Sie stellt in ihrer weitgehend verbandsmäßigen Struktur sogar die eigentliche dynamische Kraft im politischen Kräftefeld dar[220] und liefert in Form vorparlamentarischer Willenskundgebungen diejenigen Materialien, die von den Parteien in aufgreifender Weise in den parlamentarischen Apparat eingebracht werden. Mit dieser Sicht ist den Parteien die politische Bedeutung keinesfalls entzogen, vielmehr wird lediglich dem Umstand Rechnung getragen, daß die vom Grundgesetz gewollte verantwortliche Staatsnähe der Parteien[221] ein gesellschaftsnahes Vertretungsverhältnis notwendig ausschließt. Die Parteien können damit im vorparlamentarischen Kräftefeld in gleicher Weise wie die Regierung informieren, d. h. mitwirken, nicht aber auch kontrollierend im Sinne von „mitherrschen" wirksam werden.

Die Präsenz von Parteivertretern in den Rundfunkorganen muß notwendig einen Verstoß gegen die demokratischen Prinzipien der Art. 5 Abs. 1, 20 (28) GG bedeuten.

Unberührt beibt auch hier das Verlautbarungsrecht, das den Parteien ebenso wie dem Staat nach den entsprechenden landesgesetzlichen Rundfunkregelungen[222] zusteht.

---

[216] *Otto Stammer*, Politische Soziologie, in: Soziologie — ein Lehr- und Handbuch der modernen Gesellschaftskunde, Düsseldorf—Köln, 1955, S. 260.

[217] So auch *Eberhard*, Rundfunk, S. 70; *Habermas*, Strukturwandel, S. 219; *Maunz*, StR § 11 II 4; *Ridder*, Meinungsfreiheit, S. 255; *Weniger*, NWDR-Denkschrift, S. 13 (20).

[218] *Haacke-Visbeck*, Institutionen, S. 48.

[219] *Ridder*, Öffentliche Aufgabe, S. 12.

[220] *Werner Weber*, Spannungen, S. 142.

[221] So auch *Werner Weber*, a.a.O.

[222] Ausdrücklich in BRG Art. 4 Abs. 2 (2.); HRG § 3 (6. u. 7.); RBG § 2 Abs. 5; SRG § 5 Abs. 3; SDRS § 2 Abs. 4 (4.); SWFStV § 6 Abs. 1, S Art. 5 Abs. 4.

C. Gesellschaftlicher Kontrollbereich

2. Intendant

Nach im wesentlichen übereinstimmender landesgesetzlicher Regelung[223] leitet der Intendant die Rundfunkanstalt. Seine Verantwortung umfaßt dabei sowohl den Programm- als auch den Verwaltungsbereich. Kontrolliert und beraten wird der Intendant durch den Rundfunkrat[224].

Es ist für die Funktionalität des Rundfunks von entscheidender Bedeutung, inwieweit die Kontrolle des Rundfunkrates in den täglichen Programmablauf hineinragt und ihn wirksam durchdringt. Ordentliche Sitzungen des Rates finden in der Regel mindestens vierteljährlich[225] statt. Darüber hinaus können außerordentliche Sitzungen auf Verlangen von Ratsmitgliedern[226], vom Vorsitzenden des Rundfunkrates[227], des Verwaltungsrates[228] oder des Intendanten[229] einberufen werden.

So extensiv man die realen Möglichkeiten permanenter Mitarbeit und Kontrolle auch einschätzt, im Hinblick auf das Programm[230] sind informationspolitische Entscheidungen des Rundfunkrates im wesentlichen nur noch nachvollziehend möglich[231]. Durch die überwiegend retrospektiven Stellungnahmen dieses Gremiums werden kasuistische Modelle gebildet, die den dynamischen Prozeß einer stets aktuellen Programmpolitik binden und damit weitgehend behindern. Soll aber die Gesellschaft nicht nur nominell, sondern realiter Träger und Gestalter des Rundfunks sein, so muß die einflußnehmende, wirksame Nähe der gesellschaftlichen Rundfunkorgane zum Programmbereich gesichert werden. Die programmpolitisch im wesentlichen eigenverantwortlich ausgestattete Stellung des Intendanten ist hierfür keine ausreichende Gewähr. Es fehlt an der direkten und konkreten Einfluß- und Kontrollmöglichkeit durch den Rundfunkrat, die umso eher gegeben sein muß, je mehr die Anstalt an Gemeinschaftsaufgaben in der bisher üblichen Form partizipiert und damit eine Programmübersicht ohnehin erschwert.

---

[223] Als Beispiel für alle: HRG § 16 Abs. 3.
[224] Als Beispiel für alle: HRG § 9 Abs. 2.
[225] BRG Art. 7 Abs. 4 Satz 1; HRS § 6 Abs. 1; RBG § 8 Abs. 1; NDRS Art. 6 Abs. 1; SRG § 19 Abs. 1; SDRS § 6 Abs. 3; WDRG § 10 Abs. 1, S § 5 Abs. 1.
[226] BRG Art. 7 Abs. 4 Satz 2; HRS § 6 Abs. 2; RBG § 8 Abs. 2; NDRS Art. 6 Abs. 2 b; SDRS § 6 Abs. 4; WDRS § 5 Abs. 2 b.
[227] HRS § 6 Abs. 2 Satz 2; NDRS Art. 6 Abs. 2 a; SDRS § 6 Abs. 4; WDRS § 5 Abs. 2 a.
[228] WDRS § 5 Abs. 2 c.
[229] RBG § 8 Abs. 2; SDRS § 6 Abs. 4; WDRS § 5 Abs. 2 c.
[230] Und nur insoweit soll das funktionale Verhältnis Rundfunkrat—Intendant betrachtet werden.
[231] So auch *Maunz-Dürig-Herzog* (Anm. 228 zu Art. 5), indes ohne Alternative.

Eine ständige Präsenz in den entscheidenden Redaktionsbereichen (Hauptabteilungen) läßt sich indes nicht durch den Rundfunkrat in seiner Gesamtheit durchführen. Diese Möglichkeit entfällt schon deshalb, weil die Aufgaben dieses Rates über die Kontrolle der Programmpolitik hinausgehen.

Als realisierbare Konsequenz aus dieser komplexen Funktionsgebundenheit dieses Rates bietet sich die Entsendung eines beauftragten Rundfunkrats-Mitgliedes in die Intendanz der jeweiligen Rundfunkanstalt an. In der unmittelbaren Nähe zur täglichen Rundfunkarbeit könnte dadurch vom Beauftragten des Rates dasjenige Material bereitgestellt werden, das das Ratsgremium für eine wirksame Einflußnahme auf das Programm benötigt. In strittigen Fällen, in denen zwischen dem Intendanten und dem Ratsbeauftragten eine Einigung über Sachfragen nicht zustandekommt, wäre in einer umgehend einzuberufenden außerordentlichen Sitzung eine Entscheidung des Rundfunkrats einzuholen. Es wird an dieser Stelle noch einmal deutlich, daß die zahlenmäßige Begrenzung des Rundfunkrates notwendig ist, um durch ein solchermaßen arbeitsfähig gehaltenes Organ schnelle und wirksame Entscheidungen zu ermöglichen.

Dieses „Zweiermodell" im Intendanzbereich bedeutet keine Erschwerung der Rundfunkarbeit, sondern ermöglicht durch den nahen Kontakt zwischen Intendant und gesellschaftlichem Kontrollrat eine erhöhte Funktionalität des Rundfunks, die im Interesse eines demokratiegerechten Informationsspektrums von essentieller Bedeutung ist.

3. *Verwaltungsrat*

Der Verwaltungsrat kann als im wesentlichen gleichstrukturiertes Aufsichtsorgan, das seine Tätigkeit vorwiegend verwaltungstechnischen Fragen zuwendet, keinen anderen Voraussetzungen unterliegen als der Rundfunkrat selbst. Hinsichtlich der prinzipiellen Bedeutung und Funktionalität als gesellschaftliches Kontrollorgan im Rundfunk kann auf die Ausführungen zum Thema Rundfunkrat verwiesen werden.

II. Prinzip der Öffentlichkeit

Unabhängig von Struktur und Funktionalität der gesellschaftlichen Kontrollorgane im Rundfunk ist als weiteres demokratisches Essential die Publizität der Ratssitzungen normativ sicherzustellen[232]. Es

---

[232] Öffentlich sind die Sitzungen nach BRG Art. 7 Abs. 4 Satz 4 und HRS § 5 Abs. 3; nicht öffentlich sind die Sitzungen ausdrücklich nach NDRS Art. 6 Abs. 3, S Art. 15 Abs. 3, 26 Abs. 2; SRG § 19 Abs. 5 Satz 1 (jedoch kann Öffentlichkeit zugelassen werden, S Art. 19 Abs. 5 Satz 2); WDRS § 7 Abs. 1, WDRG § 16 Abs. 1; die übrigen Anstalten haben diese Frage nicht geregelt.

C. Gesellschaftlicher Kontrollbereich

kann mit dem Grundsatz der in Art. 5 Abs. 1 GG garantierten Unterrichtungsfreiheit nicht vereinbart werden, wenn der gesellschaftliche Kontrollapparat des Rundfunks generell in Klausur tagt. Die in einer demokratischen Staatsform gebotene Transparenz des öffentlich politischen Lebens erfordert Publizität auch in dem von der Gesellschaft selbst gestalteten Bereich. Es können hier keine anderen Prinzipien gelten als für die politischen Organe Bundestag[233] und Bundesrat[234] und entsprechend Art. 28 Abs. 1 GG auch für die Parlamente der Länder[235]. Es bedarf indes keiner näheren Ausführungen darüber, daß neben der generellen Öffentlichkeit von Sitzungen demokratischer Organe auch die Möglichkeit vertraulicher Beratung von Einzelfragen offengehalten werden muß[236].

Soweit die Landesrundfunkgesetze bzw. Staatsverträge die Öffentlichkeit von Ratssitzungen nicht grundsätzlich vorsehen, sind sie wegen des verfassungsrechtlichen Demokratieprinzips notwendig ergänzungsbedürftig[237].

III. Institutionalisierungseffekt

Aus dem politischen Verständnis des Rundfunks und der den gesellschaftlichen Verbänden zugewiesenen Kontrollmacht ergibt sich, daß durch den Rundfunk erstmals ein Faktor im demokratischen Meinungsbildungsprozeß institutionalisiert worden ist. Der Einwand von *Carl Schmitt*[238], daß öffentliche Meinung grundsätzlich unorganisiert bleiben muß, wenn sie ihrer Natur nicht beraubt werden will, braucht an dieser Stelle nicht diskutiert zu werden, da der Rundfunk nicht die öffentliche Meinung schlechthin darstellt. Außerhalb dieser von gesellschaftlichen Organen geleiteten Institutionen verbleiben weitere Möglichkeiten freier Meinungsentfaltung, so daß die politische Institution Rundfunk mit ihrer gesellschaftlichen Organstruktur kein demokratiegefährdendes Monopol bildet.

---

[233] Art. 42 Abs. 1 Satz 1 GG.

[234] Art. 52 Abs. 3 Satz 3 GG.

[235] Öffentlichkeit der Landtagssitzungen: (für alle: bayVf Art. 22 Abs. 1).

[236] So u. a. in Art. 42 Abs. 1 Satz 2, 52 Abs. 3 Satz 4 GG; bayVf Art. 22 Abs. 1 Satz 1 ff.

[237] Das Unterrichtungsgebot in SRG § 15 Abs. 5 ist unzureichend, da es von bereits geformten Aussagen ausgeht, die das Recht des Bürgers auf „freie" Unterrichtung einschränkt.

[238] Verfassungslehre, S. 246; ähnlich auch *Mallmann*, Rundfunkreform, S. 29, *Reinelt*, Der Rundfunk, S. 20, *Wilkens*, Aufsicht, S. 97, *Wolff*, Bd. III, § 166 II b.

D. Wirtschaftliche Praktikabilität gesamtstruktureller Maßnahmen

§ 1 Finanzsituation

Verfassungsrechtliche Überlegungen müssen in der Praxis realisierbar sein. Die in der Untersuchung bisher gewonnenen Ergebnisse[239] haben sich deshalb auch der kritischen Sicht wirtschaftlicher Rationalität zu unterwerfen.

Die Frage nach der Zulässigkeit der Konzentrierung von Rundfunkanstalten wurde im wesentlichen durch „ökonomische Defekte"[240] des heutigen Systems ausgelöst. Es ist unbestritten, daß die Finanzsituation der Anstalten derzeit von defizitären Entwicklungstendenzen bestimmt wird. Nach Ansicht der *Michel-Kommission* und der Rundfunkanstalten liegt die Ursache der ungünstigen Kostenlage in der föderalistischen Struktur des Rundfunks[241]. Danach sind Entscheidungen über größere Investitions- und Produktionsvorhaben von vornherein nicht mehr an betriebswirtschaftlichen Kriterien zu messen.

§ 2 Einnahmestruktur

Die Erträge der Rundfunkanstalten setzen sich in der Regel aus Gebühreneinnahmen, Kostenerstattungen und Beteiligungserträgen zusammen. Für den Finanzausgleich untereinander bringen die ARD-Anstalten insgesamt 32 Millionen Mark pro Jahr auf[242]. Zuschüsse erhalten vor allem diejenigen Anstalten, die über den geringsten Anteil am Gesamtgebührenaufkommen verfügen[243]. Die größten Beiträge zum Ausgleichsfond erbringen der NDR und WDR, die über 20 bzw. 30 % des Gesamtgebührenaufkommens[244] verfügen.

Aus diesen prozentualen Anteilen lassen sich indes ohne Analysen der Kostenrechnung noch keine exakten Grenzwerte für die Rentabilität von Rundfunkanstalten ermitteln. Dennoch kann nach den vom NDR und WDR erbrachten Ausgleichsleistungen zunächst davon ausgegangen werden, daß die Wirtschaftlichkeit einer Anstalt bei einem Anteil von

---

[239] Festgestellte Notwendigkeit eines neuen Neutralitätsverständnisses und von Fusionsmaßnahmen unter Sicherung technischer und programmbezogener Polarität.
[240] *Glotz*, RuF 1967, S. 376 (379).
[241] *Michel-Kommission*, S. 241, r. Sp.
[242] Dies., S. 27 (Tab. 19).
[243] RB mit 1,5 % und SR mit 1,9 %. Der SFB enthält im Vergleich zu diesen Anstalten einen höheren Ausgleichsbetrag, der nicht vom Gebührenanteil, sondern vom besonderen politischen Auftrag der Anstalt bestimmt wird. (*Michel-Kommission*, S. 26, 27 — Tab. 17, 19 —.)
[244] WDR 19,2 Mill. DM, NDR 6,72 Mill. DM (*Michel-Kommission*, S. 27, Tab. 19).

D. Wirtschaftliche Praktikabilität gesamtstruktureller Maßnahmen

20 % am Gesamtgebührenaufkommen ermöglicht werden kann[245]. Die vom programmpolitischen Standpunkt aus notwendige Reduzierung von Anstalten wäre damit insoweit auch wirtschaftlich gerechtfertigt.

§ 3 Fusionsauswirkungen

Nach Berechnungen der ARD[246] werden Fusionsmaßnahmen einen Zeitraum von 7 bis 8 Jahren in Anspruch nehmen und wirtschaftliche Ersparnisse zunächst durch Abbau-Folgelasten weitgehend aufzehren. Eine Verbesserung der Finanzstruktur im Rundfunkwesen kann erst nach Ablauf der Übergangszeit erreicht werden.

§ 4 Ergebnis

Die Verbindung von politischer und zukünftiger wirtschaftlicher Effizienzsteigerung lassen die Fusion einzelner Rundfunkanstalten im Blickfeld gesamtstruktureller Maßnahmen, zu denen von wirtschaftlicher Seite her auch die Veränderung der Relation Gebühren — sonstige Einnahmen zählt, als das geeignete Mittel erscheinen, den Funktionsraum des Rundfunks innerhalb des grundgesetzlich garantierten freien Meinungsbildungsprozesses zu sichern.

---

[245] Nach dem BR, der über 15 % Anteile am Gesamtgebührenaufkommen verfügt, liegen alle übrigen Anstalten unter der 10 %-Grenze.
[246] *ARD-Denkschrift*, S. 22, 33.

Drittes Kapitel

Formalrechtliche Gestaltungsakte

A. Die legislative Regelungskompetenz der Länder

§ 1 Der legislative Schöpfungsakt

Die Durchführung von Fusionsmaßnahmen gehört in die Zuständigkeit desjenigen Hoheitsträgers, der das Sachgebiet Rundfunk insgesamt zu regeln hat.

Das Errichten von Sendeanlagen kann nicht a priori als typisch staatliche Aufgabe angesehen werden. Der Staat ist nur deshalb zur Regelung berufen, weil die Bestandsmöglichkeit und die gesellschaftliche Struktur der politischen Institution Rundfunk nicht freier, privatwirtschaftlicher Unternehmerinitiative überlassen werden kann[1]. Nicht allein die auf internationale Abkommen zurückgehenden funktechnisch beschränkten Möglichkeiten, sondern vor allem die Sicherung des demokratiegerechten Informationsspektrums erfordern die Aufstellung legislativer Ordnungsprinzipien[2].

Art. 5 Abs. 1 GG limitiert nur die allgemeine Legislativ- und Exekutivkompetenzen, benennt aber keine Kompetenzträger; es handelt sich mithin um eine reine Sachnorm[3]. Eine Regelung dieser Frage kann nur durch einen Rückgriff auf die allgemeine Kompetenzverteilung im Grundgesetz erfolgen.

Nach Art. 30 GG ist die Ausübung staatlicher Befugnisse und die Erfüllung staatlicher Aufgaben generell Sache der Länder[4], soweit das Grundgesetz keine andere Regelung vorsieht. Dem Bund kommt daher nur insoweit eine Regelungsbefugnis zu, als sie ihm das Grundgesetz expressis verbis verleiht (Art. 70 Abs. 1 GG).

---

[1] *Friedrich Giese*, DÖV 1953, S. 587, li. Sp.

[2] Im Ergebnis: *Arndt*, JZ 1965, S. 337, r. Sp.; *Krause-Ablass*, JZ 1962, S. 158 (160, li. Sp.); *Windsheimer*, Die Information, S. 43; BVerfGE 12, S. 205 (262/263).

[3] So auch: *Krüger*, Rundfunk im Verfassungsgefüge, S. 61; *Mallmann*, Rundfunkreform, S. 14.

[4] *Giese-Schunck*, Anm. II zu Art. 30; *Mangoldt-Klein*, S. 753; *Maunz-Dürig-Herzog*, Anm. 5 zu Art. 20 I; BVerfGE 10, S. 89 (101), 12, S. 205 (228); BVerfG NJW 1960, S. 907 (908, li. Sp.).

A. Die legislative Regelungskompetenz der Länder

Außerhalb der Sachnorm des Art. 5 wird der Rundfunk indes an keiner Stelle des Grundgesetzes mehr erwähnt. Art. 73 Nr. 7 GG[5] bezieht sich nur auf die technische Seite des Rundfunks, die nach § 1 Abs. 1 FAG[6] dem Fernmeldewesen und damit dem Bundesrecht unterliegt. Die Entstehungsgeschichte des Art. 73 Nr. 7 verdeutlicht indes, daß der Rundfunk im Fernmeldewesen nicht als Ganzes enthalten ist[7]. Auch aus Art. 5 Abs. 1 GG kann diese Folgerung gezogen werden. Denn es ist nicht wesensnotwendig, daß die Veranstalter von Rundfunksendungen auch über die technischen Sendeanlagen verfügen[8], ebensowenig, wie ein Zeitungsverleger notwendig über eine eigene Druckerei verfügen muß, um informationspolitisch unabhängig zu sein. Dem Bund steht daher nicht die Regelungsbefugnis für den Rundfunk in seiner Gesamtheit zu. Ihm verbleibt mangels ausdrücklicher Bestimmung auch keine Rahmenkompetenz, über die er hinsichtlich der Presse gem. Art. 75 Nr. 2 GG verfügt. Es ist deshalb von der Generalklausel des Art. 30 GG und der den Ländern vorbehaltenen Legislativkompetenz des Art. 70 GG auszugehen.

Die Zuständigkeit der Länder für die anstaltliche Regelung des Rundfunks ist bisher auf die sog. Kulturhoheit[9] zurückgeführt worden. Diese Auffassung kann nicht geteilt werden, da Kultur als Summe schöpferischer Gestaltungsakte der Einzelpersönlichkeit nicht Gegenstand der Legislative sein kann[10]. *Scheuner*[11] weist mit Recht darauf hin, daß kulturelles Leben nach Art. 1, 2 und 5 GG dem staatlichen Zugriff überhaupt entzogen ist[12]. Die Länder erhalten ihre staatliche Befugnis im Hinblick auf den Rundfunk deshalb nicht aufgrund des juristisch unfaßbaren Kulturbegriffs, sondern allein aus dem politischen Auftrag der Art. 5 Abs. 1, 20, (28) GG. Danach haben sie die Errichtung und den Bestand des Informationspotentials Rundfunk innerhalb des Kräftefeldes demokratischer Meinungsbildung zu gewährleisten.

---

[5] Dem früheren Post- und Telegraphenregal des Reiches entsprechend.
[6] Bundesrecht nach Art. 123 Abs. 1, 124 GG.
[7] So auch BVerfGE 12, S. 205 (236).
[8] BVerfGE 12, S. 239, 265.
[9] So u. a. noch *Lerche* (VVDStR Bd. 21, 1964, S. 66/77), der von „kultureller Grundkompetenz der Länder" spricht, und *ARD-Denkschrift*, S. 25, wo von bestehender Rundfunkorganisation als „Ausdruck der Kulturhoheit der Länder" die Rede ist.
[10] Auf die normativen Schranken, die jedem individuellen Verhalten hinsichtlich der unverletzlichen Rechtssphäre Anderer gesetzt sind, braucht hier nicht näher eingegangen zu werden.
[11] Zuständigkeit, S. 328.
[12] Übereinstimmend auch *Leiling*, Gesetzgebungsbefugnis, S. 55; *Hans Schneider*, DÖV 1960, S. 845 (846, li. Sp.).

Der rechtlich indifferente[13] Begriff der Daseinsvorsorge scheidet in diesem Zusammenhang ebenfalls aus. Der Rundfunk ist nicht ein typisches Produkt des sozialen Leistungs- und Wohlfahrtsstaates, sondern ein wesensnotwendiger Funktionsträger der politischen Gesellschaft. Er stellt eine der Bedingungen für die Existenz des Staatslebens überhaupt dar, innerhalb dessen staatliche Fürsorgemaßnahmen die Ausgestaltung und Sicherung öffentlichen Lebens übernehmen[14].

Die Form der Errichtung und Bestandsgewährleistung des Rundfunks ist normativ nicht festgelegt. Die auf Landesebene gebildeten Rundfunkmonopole[15] sind von formalen Gesichtspunkten her weder unzulässig noch ausdrücklich geboten. Die politische Funktion des Rundfunks ließe sich auch in privatrechtlicher Form erstellen[16], sofern den Senderechtsträgern Programmauflagen[17] erteilt werden, die den Informationsanforderungen der demokratischen Gesellschaft genügen. Inwieweit kommerzielle Sendegesellschaften in der Lage wären, derart weitreichende Auflagen bei uneingeschränktem Gewinnmaximierungsstreben einzuhalten, kann hier nicht untersucht werden. Das amerikanische Beispiel[18] zeigt, daß optimale Programmerfordernisse durch kommerzielle Sendeunternehmen nicht ausreichend realisiert werden können[19]. Programmteile, für die sich trotz organisatorischem Bemühen kein „sponsor" mehr findet, wären aus dem Informationsspektrum eliminiert[20]. Darüber hinaus wäre das komplementäre Verhältnis zwischen Presse und den elektronischen Informationsgebern aufgehoben,

---

[13] So *Ipsen*, in NJW 1963, S. 2049 (2055, li. Sp.); ähnlich *Maunz*, BayVBl. 1957, S. 4 (5, li. Sp.); während *Fröhler* (Werbefernsehen, S. 2) den Begriff für „nützlich" hält.

[14] Bedingung und Ausgestaltung müssen begrifflich getrennt werden.

[15] Ausnahme: Zulassung privater Sendungen durch SRG §§ 38 ff. Es wurde bereits eine bürgerlich-rechtliche Gesellschaft gegründet, die Vorbereitungen für die Gründung einer Aktiengesellschaft zum Aufbau eines privaten Werbefernsehens an der Saar vorbereiten soll (RuF 1968, S. 206, r. Sp. — Mitteilungen).

[16] *Arndt*, JZ 1965, S. 337, r. Sp.; *Krause-Ablass*, RuF 1963, S. 129 (192); *Lerche*, Rechtsprobleme, S. 7; *Mallmann*, Rundfunkreform, S. 34, 36; *Moser*, JZ 1951, S. 70 (72, r. Sp.); Peters, Zuständigkeit, S. 25; BVerfGE 12, S. 205 (262).

[17] Die in § 47 a SRG enthaltenen Leitsätze für einen offensichtlich entpolitisierten Privatrundfunk erscheinen schon wegen ihrer unjuristischen Termini („außenpolitische Belange", „Ansehen" der Bundesrepublik Deutschland und des Saarlandes) bedenklich, doch geht das SRG hier noch von der zusätzlich bestehenden öffentlich-rechtlichen Anstalt SR aus, so daß es insoweit auf das Verständnis eines „Unterhaltungsrundfunks" nicht ankommt.

[18] Bereits am 1. 8. 1949 waren in den USA 3039 Rundfunksender handelsrechtlicher Natur in Betrieb, davon 856 UKW-Sender (*von Mangoldt*, Rechtliche Ordnung, S. 140).

[19] So *Arndt*, Die Konzentration in der Presse und die Problematik des Verlegerfernsehens, in: HD Nr. 73 (1967), S. 4 ff., Nr. 87 (1967), S. 1 ff.; HD N. 105 (1968), S. 10 — Verfasser nicht benannt.

[20] *Loewenstein*, AöR Bd. 86 (1961), S. 404 ff. passim.

soweit Presseverlage als Senderechtsträger erscheinen. Die Existenz selbständiger Zeitungen wäre wegen des weitgehend ausgeschalteten Wettbewerbs zwischen Verlegerfernsehen und Presse mehr gefährdet als bei den gegenwärtigen Verhältnissen. Eine Spektralwirkung ließe sich im Verhältnis der Informationsmonopole (Presse — Rundfunk) nicht mehr erzeugen. Auch gäbe der Kapitalbedarf für Investitionen auf dem Gebiet des Fernsehens[21], wie *Bausch*[22] zutreffend bemerkt, nur jenen Kräften eine Chance, die auch im bereits laufenden Konzentrationsprozeß der Presse die Oberhand behalten haben.

Da sich keine zwingenden Gründe für die privatrechtliche Organisation des Rundfunks ergeben, ist in Übereinstimmung mit der herrschenden Meinung[23] grundsätzlich von der öffentlich-rechtlichen Struktur des Rundfunks auszugehen.

Der staatsunmittelbare Rundfunk, den *Bettermann*[24] und *Loehning*[25] befürworten, ist von der aufgezeigten politischen Aufgabe des Rundfunks her rechtlich unmöglich[26]. Der Rundfunk kann in Realisierung von Informationsfreiheit nur durch die Gesellschaft selbst betrieben werden.

Die Organisationsform der öffentlich-rechtlichen Anstalt[27] hat sich in den Grundzügen bewährt. Es besteht auch bei veränderten Programmmodellen keine Veranlassung, sie zu verändern. Der Institutionsbegriff Anstalt gewinnt indes beim Rundfunk durch die besondere Freiheitsgarantie des Art. 5 Abs. 1 GG eine andere Gestalt, als sie traditionellerweise als Subjekt mittelbarer Staatsverwaltung darstellt[28]. Generell ist eine einheitliche Normenregelung für das Anstaltsrecht bis heute noch nicht herausgebildet worden. Materialien finden sich ausschließlich in verstreuten Einzelbestimmungen[29].

---

[21] Der Fernsehbereich ist besonders investitions- und kostenintensiv.
[22] *Bausch* in „Jahre der Wende", S. 277 (282).
[23] *Heinemann*, NJW 1962, S. 889 (891, r. Sp.); *Ipsen*, Rundfunkgebühr, S. 42; *Mikat*, Rechtsprobleme, S. 36; *Hans Schneider*, Werbung, S. 13; *Thieme*, AöR Bd. 88 (1963), S. 38 (45); SPD-Parteitag-Entschließung in HD Nr. 108 (1968), S. 9; Fernsehbeauftragte der EKD vom 8. 12. 1964 in *ARD-Dokumentation* Bd. I, S. 207; CDU in HD Nr. 101 (1968), S. 10; Bundesvorstand des DGB v. 7. 12. 1964 in *ARD-Dokumentation* Bd. 1, S. 206.
[24] DVBl. 1963, S. 41 (44, r. Sp.).
[25] DÖV 1953, S. 193 (194, r. Sp., 195, li. Sp.).
[26] Im Ergebnis auch: *Lenz*, JZ 1963, S. 338 (349); *Krause-Ablass*, RuF 1963, S. 129 (189).
[27] Es wäre indes auch eine Stiftung des öffentlichen Rechts denkbar.
[28] So auch *Stern*, Funktionsgerechte Finanzierung, S. 4/5.
[29] Grundlegende Arbeiten zum Anstaltsrecht: *Werner Weber*, Die Körperschaften, Anstalten und Stiftungen des öffentlichen Rechts, 1943, 2. Aufl., und *Arnold Köttgen*, Das Verwaltungsrecht der öffentlichen Anstalt, VVDStRL Heft 6 (1929), S. 105 ff., Die rechtsfähige Verwaltungseinheit, VerwArch Bd. 44 (1939), S. 1 ff., *Wilhelm Heymann*, Wesen und Notwendigkeit der öffentlichen Anstalt, Berlin 1950, *Hans Jecht*, Die öffentliche Anstalt, Berlin 1963.

Der von *Otto Mayer*[30] Anfang des 19. Jahrhunderts begründete Anstaltsbegriff, der aus dem „service public" des französischen Verwaltungsrechts entwickelt wurde, kann auf den Rundfunk keine Anwendung finden; denn die Anstalt, die früher als „außergesetzliche Hausmacht der Verwaltung gegen die Bürger"[31] fungierte und aus dem politischen Spannungsverhältnis des 19. Jahrhunderts zu begreifen ist, hat sich in ihrer heute anzutreffenden Form als unselbständige, staatsunmittelbare oder selbständige, staatsmittelbare Verwaltungseinheit im weiten Umfang zum Vehikel der fortgeschrittenen Leistungsverwaltung hin gewandelt[32]. Die Rundfunkanstalt gehört ihrem Wesen nach aber gerade nicht zur Staatsverwaltung[33], sondern sie ist ein öffentlich-rechtliches Novum, das keinem Muttergemeinwesen im tradierten Sinne angehört. Die Abhängigkeit zum Staat als hoheitlicher Macht zeigt sich allein im legislativen Organschöpfungsakt und in der gegenüber der Gesellschaft bestehenden Garantenstellung für den ungeschmälerten Bestand der Rundfunkanstalt. Der überlieferte Anstaltsbegriff ist mithin für den Rundfunk rechtlich nicht anwendbar; es müssen vielmehr spezifische Kriterien für seine normative Einordnung gefunden werden. Einer Neufassung bedarf dabei vor allem auch die Staatsaufsicht, die bei den Normtypen der öffentlich-rechtlichen Anstalten unbestritten ist[34].

§ 2 Die Bestandsgewährleistung

I. Rechtsaufsicht

Alle Rundfunkanstalten, die in den Jahren 1948/49 gegründet wurden, unterlagen bei ihrer Errichtung keiner Kontrolle durch die staatliche Exekutive[35]. Gegenwärtig ist eine Rechtsaufsicht ausdrücklich nur bei vier Landesrundfunkanstalten[36] sowie beim ZDF[37] vorgesehen. Die Bundesanstalten „Deutschlandfunk" und „Deutsche Welle" bleiben auch hier außerhalb der Betrachtung.

Die Frage nach der Zulässigkeit staatlicher Kontrolle berührt das Verständnis der Freiheit des gesellschaftlichen Informationsgebers Rundfunk.

---

[30] VwR Bd. II, S. 1, 268.
[31] Wie *Jecht* (Die Öffentliche Anstalt, S. 23) formuliert.
[32] Im Unterschied zur Behörde als typische Erscheinung der Hoheitsverwaltung.
[33] Weder mittelbar noch unmittelbar.
[34] *Zeidler*, Verfassungsbedenken, S. 43.
[35] *Jank*, Die Rundfunkanstalt, S. 109.
[36] NDRStV 22; SRG § 34; SWFStV §§ 19, 21, WDRG § 24.
[37] ZDFStV § 25.

A. Die legislative Regelungskompetenz der Länder

Zeidler[38] vertritt die Auffassung, daß völlig aufsichtsfreie verwaltungsrechtliche Anstalten oder Körperschaften begrifflich nicht denkbar sind. Dem muß zur Klärung der Ausgangsposition hinzugefügt werden, daß es grundsätzlich nicht auf die gewählte Rechtsform ankommt, sondern vielmehr auf die unmittelbaren öffentlichen Wirkungen, die in einem bestimmten Rechtsraum erzeugt werden. Der Staat, der zur Etablierung von Rundfunkanstalten nach Art. 5 Abs. 1 GG verpflichtet ist, muß konsequenterweise auch den weiteren Bestand der Anstalt unter den erforderlichen Bedingungen gewährleisten; denn Institutionalisierung und permanente Funktionsgewähr müssen sinnvollerweise korrelieren. Es ist deshalb mit dem Begriff Staatsaufsicht kein Einwirken auf das Programm[39], sondern nur ein Schutz des rechtlichen Bestandes gemeint. Diese Form der Rechtmäßigkeitskontrolle, die mit der Garantie notwendig verbunden ist, kann indes nur dann legaliter wirksam werden, wenn die Aufsichtsfunktion der gesellschaftlichen Organe des Rundfunks soweit gestört ist, daß ein Sendebetrieb nach den verfassungsrechtlich vorgeschriebenen Leitlinien (Art. 5 Abs. 1, 20, 28 GG) unmöglich oder wesentlich erschwert erscheint. Es handelt sich bei der Staatsaufsicht mithin um ein Recht, das gegenüber der gesellschaftlichen Kontrolle nur sekundär ist. Grundsätzlich muß die Aufsicht der Gesellschaft überlassen bleiben. Ein Mißbrauch dieser Kontrollbefugnis ist bei der pluralistischen Struktur der hier vorgeschlagenen gesamtgesellschaftlichen Rundfunkversammlung und den aus ihrer Mitte gewählten Ratsgremien zwar nicht grundsätzlich auszuschließen, doch weitgehend unwahrscheinlich. Als Abwehrmittel gegen staatliche Direktiven bleibt der Gesellschaft als Rundfunkträger und primärer Kontrollinstanz die Möglichkeit der Anrufung des zuständigen Gerichts[40].

Problematisch ist indes die technische Durchführung sekundärer staatlicher Rechtsaufsicht bei fusionierten Länderanstalten. Beim ZDF[41] wechselt die Rechtsaufsicht unter den Vertragsländern im Turnus von zwei Jahren, beim NDR[42] üben die Rechtsaufsicht alle beteiligten Länder gemeinsam aus, beim SWF[43] werden die Aufsichtsrechte ebenfalls turnusmäßig, jedoch im Benehmen mit dem anderen Vertragsland wahrgenommen. Die Regelung des ZDF kann wegen ihres Alländer-

---

[38] a.a.O.
[39] Folgerichtiger Ausschluß der sog. Fachaufsicht beim HRG § 1 Satz 2.
[40] Beispiel: Verwaltungsgerichtsprozeß des BR gegen den Freistaat Bayern in der Frage der teilweisen Abführung von Gebühren an das ZDF (Urteile des VG München, BayVGH u. BVerwG gesammelt in: Schriftenreihe des ZDF, Heft 4, 1966.
[41] ZDFStV § 25 Satz 2.
[42] NDRStV § 22 Absatz 1.
[43] SWFStV § 19.

charakters außerhalb der Betrachtung bleiben, da eine Einigung sämtlicher Bundesländer notwendig andere staatsrechtliche Probleme unter dem Aspekt föderativer Machtverteilung aufwirft als die Gemeinschaftsaktion einiger Bundesländer. Die Konzentrationsbestrebungen, von denen diese Untersuchung ausgeht, erfassen immer nur Ländergruppen, nicht aber die Länder in ihrer Gesamtheit. Der einheitliche Strukturplan, der diesen Bestrebungen zugrundeliegen muß, ändert an dieser pluralistischen Tendenz nichts.

Eine gleichzeitige Kontrollfunktion der Vertragsländer erscheint zunächst als optimale Lösung. Indes bleibt fraglich, inwieweit diese Form realisierbar ist. Auszugehen ist daher vom Grundsatz, daß den vertragschließenden Ländern in der Zeit, in der sie nicht die geschäftsführende Funktion subsidiärer Aufsichtspflicht haben, ein wirksamer Einfluß[44] auf diese Funktion dennoch zu garantieren ist. Beanstandungsrechte von Vertragsländern gegenüber der jeweiligen Rundfunkanstalt sind bisher nur beim NDR[45] und SWF[46] normativ festgelegt. Für Streitigkeiten aus dem Staatsvertrag sind beim NDR das Oberverwaltungsgericht Lüneburg[47] und beim SWF das Landesverwaltungsgericht von Rheinland-Pfalz[48] vorgesehen.

Beispiele aus der Rundfunkpraxis von Mehrländeranstalten, die für oder gegen diese im wesentlichen einheitlichen Aufsichtsmodelle sprechen, sind bisher nicht bekannt geworden. Auch Rechtsstreitigkeiten der Länder untereinander sind im Hinblick auf die Durchführung der Aufsicht — soweit ersichtlich — noch nicht gerichtlich ausgetragen worden.

Es genügt mithin für die Regelung der staatlichen Aufsichtspflicht bei fusionierten Mehrländeranstalten, wenn der sekundäre Charakter dieser mit der Bestandsgarantie verbundenen Aufsichtspflicht ausdrücklich hervorgehoben wird. Sofern der Gerichtsstand nicht von vornherein festgelegt wird, ergeben sich die Zuständigkeiten aus den entsprechenden gesetzlichen Bestimmungen[49].

Fraglich ist, ob sich auch die Rechnungsprüfung der Rundfunkanstalten legitimerweise als typisch staatliche Aufgabe stellt. Es darf nicht verkannt werden, daß die Haushaltsgestaltung der Anstalten durch etatpolitische Entscheidungen auf die Programmfunktion einwirken kann.

---

[44] z. B. durch bestimmte Einspruchsrechte.
[45] NDRStV § 22 Abs. 2, 3.
[46] SWFStV § 21 Abs. 1 Satz 1.
[47] NDRStV § 23.
[48] SWFStV § 21 Abs. 1, 2.
[49] Art. 93 insb. Abs. 2, 4 GG; Art. 13, insb. Abs. 8, 10 BVGG; und § 40 ff. VwGO.

A. Die legislative Regelungskompetenz der Länder

Die anstaltsinterne Etatsituation wird durch zwei Willensakte der zuständigen Organe bestimmt: a) durch Verabschiedung des Haushaltsvoranschlages, b) durch Genehmigung des Jahresabschlußberichtes[50]. Zeigt sich die bestandsgefährdende Tendenz bereits in den Organbeschlüssen zum Haushaltsentwurf, so steht der Regierung die Ausübung der Rechtsmöglichkeiten sekundärer Aufsicht zu. Stellen sich dagegen funktional erhebliche Mängel des Rundfunks aufgrund mangelhafter Wirtschaftsführung der Anstalt heraus, so ist die primär zuständige Aufsichtsinstanz das Kontrollorgan der Anstalt selbst. Erst die Ratsbeschlüsse über die Haushaltsgestaltung[51] eröffnen der Regierung den Weg sekundärer Aufsichtsmaßnahmen. Die Rechnungsprüfung selbst gehört jedoch in den Zuständigkeitsbereich der gesellschaftlichen Organe des Rundfunks. Ihnen ist das Wahlrecht eines neutralen Prüfers zuzuordnen, wobei die Beauftragung des staatlichen Rechnungshofes nicht grundsätzlich auszuschließen ist. Das steuerliche Prüfungsrecht darf indes mit dem Haushaltsprüfungsrecht nicht verwechselt werden. Vor- oder Zwischenprüfungsrechte des Staates[52] entheben den gesellschaftlichen Kontrollmechanismus seiner Eigenverantwortung und reduzieren die Tätigkeit des Rechnungsprüfers im wesentlichen auf ein Kollationieren von Haushaltsbelegen. Regelungen dieser Art sind unübersehbare Zeichen einer mißverstandenen Funktionalität des Rundfunks und eines weitgehenden Mißtrauens gegenüber der politischen Gesellschaft, die in den Rundfunkorganen wirkt; sie zeugen auch von einer undifferenzierten Betrachtung des Anstaltsbegriffes. Eine Revision dieser vom Staat selbst geschaffenen Befugnisse ist deshalb geboten.

II. Gebührenregelung

Das Bundesverwaltungsgericht[53] hat die Regelungskompetenz für die Rundfunkgebühren ausdrücklich den Ländern zuerkannt, nachdem diese Frage durch das Fernsehurteil des Bundesverfassungsgerichts[54] nicht entschieden worden war.

Die Rundfunkgebühr wird ihrem Wesen nach nicht für die Verleihung der technischen Empfangserlaubnis nach § 2 FAG erhoben. Die materielle Einzugsberechtigung gehört deshalb auch nicht zum bundesrechtlichen Bereich des Post- und Fernmeldewesens.

---

[50] Auf die verfahrensrechtlich im einzelnen unterschiedlichen Regelungen in den Landesrundfunkgesetzen bzw. Staatsverträgen wird verwiesen.
[51] Insb. über die Zwischen- oder Jahresendabrechnung.
[52] SFBS § 13 Abs. 2 Satz 2.
[53] NJW 1968, S. 1393 (Leitsatz a; S. 1394, r. Sp.).
[54] BVerfGE 12, S. 205 (240).

Die herrschende Meinung[55] sieht in der Gebühr ein Leistungsentgelt in Form einer Anstaltsnutzungsgebühr, eines Beitrags oder in beidem. Gebührengläubiger kann danach nur der Verwaltungsträger sein, der die Leistung erbringt. Als Leistungsträger tritt hier die Rundfunkanstalt in Erscheinung. Aus der Gläubigerstellung folgt notwendig die Verfügungsbefugnis und damit auch die Einzugsberechtigung. Diesem Verständnis entspricht die Inkassovollmacht der Rundfunkanstalten an die Bundespost, die in einigen Rundfunkgesetzen[56] ausdrücklich enthalten ist.

Die Entscheidung des Bundesverwaltungsgerichts[57] wird über die grundsätzliche Kompetenzregelung hinaus Veranlassung zu einer Neuordnung der Befreiungsbefugnis geben. Im Entwurf der ARD[58] für einen Staatsvertrag der Länder zur Regelung des Rundfunkgebührenwesens ist in § 4 der Erlaß übereinstimmender Rechtsverordnungen der Länder über Gebührenbefreiung und Gebührenermäßigung vorgesehen.

B. Die legislative Regelungskompetenz des Bundes

Die technischen Sendeanlagen des Ausstrahlungsbereiches gehören zu den Fernmeldeanlagen im Sinne des § 1 FAG. Das Grundgesetz hat die traditionelle Kompetenz des Reiches nicht geändert. Das Gesetz über Fernmeldeanlagen gilt, soweit seine Bestimmungen hier Anwendung finden, nach Art. 123 Abs. 1, 124 GG als Bundesrecht weiter[59]. Nach §§ 1, 2 FAG bedarf es zur Errichtung technischer Sendeanlagen der Erlaubnis des nach Art. 73 Ziff. 7 und 87 Abs. 1 Satz 1 GG zuständigen Bundespostministers.

Die Frequenzzuteilung erfolgt nach den Richtlinien des Internationalen Frequenzverteilungsplans von Itlantic City, der für die Bundesrepublik als Mitglied der UIT (Union Internationale des Télécommunications) bindend ist[60]. Gesetzliche Grundlagen sind ferner der Internationale Fernmeldevertrag von Montreux (1965) und die Genfer Vollzugsordnung für die Funkdienste (1959)[61]. Das materielle Funkrecht des Bundes regelt die Vollzugsordnung für den Funkdienst (VO Funk)[62].

---

[55] Übersicht bei *Franz Mayer*, Rechtsgutachten, S. 41 ff.
[56] BRG Art. 14 Abs. 3; HRG § 17 Abs. 3 Satz 2; RBG § 14 Abs. 3 Satz 1; SDRG § 5 Abs. 3 Satz 2; WDRVO § 2 Abs. 2 Satz 2.
[57] a.a.O.
[58] *ARD-Denkschrift*, Nachtrag.
[59] BVerfGE 12, S. 205 (239).
[60] *Pressler*, RuF 1957, S. 206/207.
[61] *Michel-Kommission*, S. 11, li. Sp.
[62] Ebd.

Bei der nationalen Frequenzverteilung sind die Rundfunkanstalten beteiligt in der „Funkbetriebskommission", einer vom Bundesministerium für das Post- und Fernmeldewesen 1951 geschaffenen beratenden Kommission der Vertreter aller Funkdienste[63]. Der Kompetenzbereich des Bundes wird durch den Grundsatz bundesfreundlichen Verhaltens[64] eingeschränkt. Gesetzliche Regelungen des Bundes müssen die geltenden Landesbestimmungen über Rundfunkanstalten gebührend berücksichtigen, auch wenn sie in Gestalt von Fusionsakten über die Grenzen einzelner Bundesländer hinaus wirken.

C. Gemeinschaftsregelung der Länder

§ 1 Das Vertragsprinzip

Strukturverändernde Maßnahmen im Rundfunkwesen erfordern Kooperationsverträge der zuständigen Staatsorgane der Länder.

Für Rechtsbeziehungen der Länder untereinander gelten in erster Linie das Grundgesetz sowie das allgemeine deutsche Staatsrecht.

Das Grundgesetz enthält keine ausdrückliche Regelung von Verträgen zwischen Gliedstaaten. Art. 32 Abs. 3 GG betrifft lediglich außerdeutsche Vereinbarungen.

Art. 40 des Entwurfs von Herrenchiemsee[65], der den Ländern ähnlich Art. 7 der Schweizerischen Bundesverfassung Vertragsbeziehungen untereinander gestattet, wurde bei den Beratungen des Hauptausschusses ohne Angabe von Gründen gestrichen[66]. Diese Streichung kann aus redaktionellen oder prinzipiellen Gründen erfolgt sein. Gegen die Annahme einer prinzipiellen vertragsfeindlichen Auffassung spricht die Tatsache, daß Länderverträge in der deutschen Verfassungsgeschichte eine bekannte Erscheinung sind[67]. Hätte demgegenüber das Grundgesetz eine Unterbrechung dieser traditionellen Staatspraxis vorsehen wollen, so hätte es von Beginn an eine ausdrückliche Vorschrift enthalten müssen, in der die Abweichung von der bisher geltenden ungeschriebenen Regel normiert ist. Da eine solche Norm nicht existiert, kann davon aus-

---

[63] *Pressler*, a.a.O., S. 209.

[64] Cfr. rundfunkbezogene Ausführungen in BVerfGE 12, S. 205 (259, 239/240).

[65] Er lautete: Die Länder können über Gegenstände, die in ihren Aufgabenbereich fallen, Vereinbarungen mit anderen deutschen Ländern treffen (zitiert bei *H. E. Giese*, Staatsverträge, S. 58).

[66] *H. E. Giese*, a.a.O., S. 58/59.

[67] So *Hans Schneider*, DÖV 1957, S. 644, li. Sp.; ders. in VVDStR Bd. 19 (1961), S. 1 (2, 13) mit Beispielen aus der deutschen Geschichte (S. 3 f.).

gegangen werden, daß es den Ländern verfassungsrechtlich nicht grundsätzlich verwehrt ist, untereinander vertraglich zu kooperieren[68].

Der Einwand *Köttgens*[69], der Verfassunggeber habe 1949 mit Art. 130 Abs. 3 GG die Existenz von Gemeinschaftseinrichtungen nur als staatsinternes Faktum zur Kenntnis genommen, damit aber keine Entscheidung für künftige gemeinsame Einrichtungen der Gliedstaaten getroffen, ist nicht überzeugend. Vielmehr spricht die Formulierung in Art. 130 Abs. 3 GG dafür, daß bundesrechtliche Eingriffe und Zuständigkeiten in „landesunmittelbare" und ländervertraglich geregelte Körperschafts- und Anstaltsverhältnisse ausgeschlossen sind. Den Ländern wird damit entsprechend dem Grundgedanken des Art. 30 GG noch einmal bestätigt, daß ihnen die Ausübung staatlicher Befugnisse und Erfüllung öffentlicher Aufgaben generell zusteht und Ausnahmen durch das Grundgesetz ausdrücklich geregelt sein müssen.

Der Hinweis, das Grundgesetz habe die Länder stets nur als einzelne Gliedstaaten, nicht aber als Ländergesamtheit angesprochen[70], ist in dieser Aussageform richtig, beweist aber nicht die ablehnende Haltung des Grundgesetzes zu Staatsverträgen der Gliedstaaten untereinander. Vielmehr regeln diese Bestimmungen übereinstimmend das Verhältnis zu jedem einzelnen Land, ohne davon auszugehen, daß durch Ländervereinbarungen Simultanwirkungen erzielt werden. Der Verfassunggeber hatte keine Veranlassung und — entsprechend Art. 30 GG — auch nicht das Recht, im Haupttext von kooperativem Länderhandeln auszugehen.

Ob die Übergangsvorschriften der Art. 135 und 118 Satz 1 GG eine sichere Grundlage für die generelle Zulässigkeit kooperativen Länderverhaltens darstellen[71], mag bei dem Charakter dieser im wesentlichen „bereinigenden" Vorschriften noch dahinstehen. Es bedarf dieser Konstruktion nicht; denn Art. 30 GG verlangt bei einer Einschränkung der Länderfunktionen eine verfassungsrechtlich ausdrücklich formulierte Ausnahmeregelung. Eben eine solche Regelung ist dem Grundgesetz hinsichtlich kooperativen Länderhandelns jedoch nicht zu entnehmen.

---

[68] *Armbruster*, Rechtsgutachten, S. 11; *Bachof-Kisker*, Rechtsgutachten, S. 14; *Geiger*, Mißverständnisse, S. 26; *H. E. Giese*, Staatsverträge, S. 59; *Krapp*, Zulässigkeit, S. 62, 82; *Kratzer*, DVBl. 1963, S. 309, li. Sp.; *Leiling*, Gesetzgebungsbefugnis, S. 66; *Maunz*, DStR § 24 II 5; *Franz Mayer*, Rechtsgutachten, S. 13; BVerwG NJW 1966, S. 1282 (1284, li. Sp.).

[69] In JöR Bd. 11 (1962), S. 173 ff.; zustimmend *Zeidler*, Rechtsgutachten, S. 37; ablehnend *Bachof-Kisker*, Rechtsgutachten, S. 35.

[70] Insb. *Zeidler* (Rechtsgutachten, S. 38 ff.), der u. a. Art. 32, 70, 71, 72, 83, 84, 92 GG zitiert.

[71] Wie dies dem ausführlichen Urteilstext des Bundesverwaltungsgerichts (VII C 119.64) in ZDF-Heft 4, S. 68 (78), zu entnehmen ist.

C. Gemeinschaftsregelung der Länder

Mithin können Länderstaatsverträge grundsätzlich als zulässig angesehen werden. Dieser Auffassung entsprechen die verfassungsrechtlichen Eigenregelungen der Länder[72], die bis auf Bremen und das den alliierten Vorbehaltsrechten unterworfene Land Westberlin[73] Staatsverträge für zulässig halten und in der Regel der Zustimmungen des Landtags unterwerfen.

§ 2 Geltungsvoraussetzungen

Problematisch erscheint die Frage nach dem Umfang des Ländervertragsrechts. Hierüber findet sich weder im Grundgesetz noch in den Landesverfassungen eine Bestimmung.

Vertraglich disponibel erscheinen im Rahmen der Sachkompetenz der Länder (Art. 30, 70 ff. GG) nur diejenigen Gegenstände der Gesetzgebung oder Verwaltung, die der hoheitlichen Gewalt der Vertragsländer unterliegen. Da die Errichtung und Bestandsgewährleistung des Rundfunks in den Landesaufgabenbereich[74] gehört, ist insoweit eine sachliche Zuständigkeit nach Landesrecht gegeben.

Die Ermächtigung zu Staatsverträgen ergibt sich aus den entsprechenden Bestimmungen der Landesverfassungen[75]. An gleicher Stelle ist auch die Zustimmung durch die staatlichen Kollegialorgane und das Parlament geregelt.

§ 3 Föderalistisches Prinzip als Grenze der Vertragsfreiheit

I. Staatsrechtliche Grundstruktur

Kölble[76] unterstellt kooperative Maßnahmen in „gemeinsame Durchführung", „Beteiligung" und „Unterhaltung" und stellt in diesem Zusammenhang die Frage[77], inwieweit durch Koordinationsstrukturen „Entartungserscheinungen" oder „Unzulänglichkeiten unserer Verfassungsordnung" transparent werden.

---

[72] bawüVf Art. 50 Satz 2; bayVf Art. 72 Abs. 2, 181 f.; breVf Art. 118; hmbgVf Art. 43; heVf Art. 103 Abs. 2; ndsVf Art. 26 Abs. 2; nwVf Art. 66 Satz 2; rhpfVf Art. 101 Satz 2; saarlVf Art. 97 Satz 2; schlHVf Art. 25 Abs. 2.

[73] Cfr. Art. 2, 6 des Vertrages über die Beziehungen zw. der Bundesrepublik Deutschland u. den Drei Mächten v. 26. 5. 1952 in BGBl. 1955 II S. 305; berlVf Art. 1 Abs. 1, 3, 87.

[74] Cfr. IV. Kapitel A.

[75] Vgl. Anm. 72.

[76] Gemeinschaftsaufgaben, S. 53/54.

[77] a.a.O., S. 17.

Konkret formuliert geht es um das generelle Verständnis bundesstaatlicher Funktionsteilung.

Die föderative Ordnung des Grundgesetzes, die besonders deutlich in Art. 20 Abs. 1, 50 ff. zum Ausdruck kommt, errichtet ein bivalentes Gewaltensystem, das auf Schaffung einer gemeinsamen staatlichen Ordnung angelegt ist. Der Grundsatz der Gewaltenteilung, der in der Regel auf Parlament, Regierung und Jurisdiktion bezogen ist, wird im föderativen Staatsverband von dieser Grundform aus noch einmal, wenn auch in anderer Struktur, funktional auf die zweite Ebene der Exekutive projiziert[78]. Föderalismus erweist sich damit als pyramidale Zuspitzung demokratiegerechter Machtverteilung, indem er als Voraussetzung einer demokratisch bestimmten bündischen Staatsform das unveränderte potentielle Gleichgewicht zwischen den Gliedstaaten und dem Gesamtstaat gewährleistet. Strukturveränderungen im Föderalismus müssen notwendig auf das im Grundgesetz geregelte gesamtgesellschaftliche Machtverhältnis einwirken. Problematisch ist die Frage, wie weit derart restriktive Einwirkungen toleriert werden können, um die funktionale Effektivität der föderativen Gewaltenteilung noch zu erhalten. Einheitlich geltende Kriterien, mit deren Hilfe eine wesentliche Verschiebung dieser Machtpositionen jederzeit registriert werden kann, sind von Wissenschaft und Rechtsprechung bisher noch nicht entwickelt worden[79].

Kritische Betrachtungen darüber, ob Ländervereinbarungen im Rundfunkwesen die föderalistische Grundstruktur berühren, können nur am Elementarverständnis der unabdingbaren Dimensionen staatlichen Föderalismus" und damit zugleich an der Begriffsdeutung der Eigenstaatlichkeit seiner Gliedgebilde einsetzen. Der Begriff „Föderalismus"[80] gibt im Wege philologischer Interpretation für eine Begriffsbestimmung nichts her. Auch historische Parallelen können nicht aufgegriffen werden. Das deutsche Kaiserreich in der von Bismarck geprägten Form war begrifflich kein absolut reiner föderalistischer Staat. Die politische Realität bestimmte die hegemoniale Macht Preußens, der als reichsführender Potenz nur die sog. Reservatrechte der süddeutschen Länder gegenüberstanden[81]. Der Wegfall des preußischen Staates hat die Struktur des Bundes weitgehend geändert[82]. Der Versuch des Grundgesetzes, bei der Wiedereinführung des Föderalismus zwischen Bund und Ländern scharf abzugrenzen und die Rechte der Gliedstaaten im Unterschied zu den Verfassungen von 1867/71 und 1919 aufzuwerten, hat nicht ver-

---

[78] *Pfeiffer*, NJW 1962, S. 565 (566, li. Sp.); Urteil des BVerwG VII C 119.64 in ZDF-Heft 4, S. 68 (79) mit zutreffendem Hinweis auf BVerfGE 12, S. 205 (229).
[79] *Bachof-Kisker*, Rechtsgutachten, S. 54.
[80] Zurückgehend auf lat. foedus.
[81] So auch *Süsterhenn*, Föderalismus, S. 31.
[82] Cfr. *Scheuner*, DÖV 1966, S. 513 (516, r. Sp.).

C. Gemeinschaftsregelung der Länder

hindern können, daß die „unitarisierende Wirkung des Großstaates"[83] innerhalb der Bundesstaaten ersetzt wurde durch die Macht des Gesamtstaates. Dies ergab sich im wesentlichen als Folge des Anwachsens zentraler Aufgaben. Die Idealvorstellung, daß Bundesstaatlichkeit zur gesamten Hand beim Bund und bei den Gliedstaaten liege, hat der Verfassungswirklichkeit unaufhaltsam weichen müssen. Die durch das Grundgesetz in Art. 70 ff. und 83 ff. enumerativ gezogene Trennlinie zwischen Bundes- und Landesaufgaben hat sich nach *Süsterhenn*[84] zu einer „Grenzzone" erweitert. Die Neugestaltung der Finanzverfassung („Große Finanzreform") steht nur als ein Beispiel für das in Bewegung geratene potentielle Gleichgewicht.

Die Tendenz zur zentralen Regelung von Staatsaufgaben, die sich durch europäische Einigungsbestrebungen transterritorial verdeutlicht, ist keine spezifische Schwäche deutscher bundesrepublikanischer Ordnung. Die ursprünglich strenge Trennung von Bund und Gliedern in den angelsächsischen Bundesstaaten macht auch dort gegenwärtig einem „new federalism", einem „cooperative federalism"[85] Platz. Es handelt sich dabei um die vermehrte Zuweisung administrativer Aufgaben an den Gesamtstaat durch das Zuschußsystem der „grants in aid". Auch in der Schweiz hat sich ein technisches Verflechtungssystem zwischen Bundes- und Kantonalverwaltung entwickelt[86].

Die Gegenbewegung zur Machtverstärkung des Gesamtstaates ist die unitarisierende Tendenz der Gliedstaaten untereinander. In der Bundesrepublik Deutschland hat diese Entwicklung mit dem Zeitpunkt begonnen, mit dem das Grundgesetz Geltung erlangte. Es war das Mißtrauen gegenüber großstaatlicher Macht überhaupt, das zu einem verstärkten Arrangement der potentiell im wesentlichen gleichwertigen Glieder geführt hat. Diesem Streben ist innerhalb der föderativen Ordnung des Grundgesetzes nur in zweierlei Weise eine Grenze gesetzt, einmal durch die verfassungsrechtlich notwendige Pluralität der Gliedstaaten[87] und zum anderen durch die Pflicht zur Bundestreue, die dem Föderalismus als bündisches Prinzip notwendig immanent ist[88].

---

[83] Cfr. *Scheuner*, DÖV 1966, S. 513 (516, r. Sp.).
[84] a.a.O., S. 32.
[85] *Scheuner*, Föderalistische Ordnung, S. 65.
[86] Ebd.
[87] Art. 20 Abs. 1, 79 Abs. 3 GG.
[88] So auch *Geiger*, Wechselseitige Treuepflicht, S. 124; *H. E. Giese*, Staatsverträge, S. 79/80; *Maunz-Dürig-Herzog*, Anm. 22, 23 zu Art. 20; *Peter Schneider*, Rechtsgutachten, S. 63.

II. Pluralität der Länder

Der Bestand der Gliedstaaten ist durch das Grundgesetz weitgehend zur Disposition gestellt[89]. Die in Art. 29 GG vorgesehene Neugliederung des Bundesgebietes läßt den Schluß zu, daß die in Art. 23 GG genannten Länder nicht als unauswechselbare Gliedstaaten anzusehen sind. In ihrer gegenwärtigen Struktur stellen sie deshalb in der Tat, wie *Werner Weber*[90] ausgeführt hat, nicht mehr das „tragende Fundament" und die „Quelle der politischen Kräfte" dar. Der Bestand der Länder ist nur insoweit unverrückbar[91], als dem Gesamtstaat Bund minimal zwei Länder gliedstaatlich gegenüberstehen müssen, um den in Art. 30, 70 ff. vorgeschriebenen pluralistischen Länderbegriff ausfüllen zu können[92]. Gefährdet werden kann dieser Grundsatz durch Gemeinschaftsvereinbarungen aller Länder, in denen eine Neugliederung auf außerverfassungsrechtlicher Ebene verwirklicht wäre.

Hinsichtlich der öffentlich-rechtlichen Anstalt ZDF wurde der Vorwurf „staatenbündischen Verhaltens"[93] bereits erhoben. Die Frage, ob das nach *Hans Schneider*[94] „staatsrechtliche Novum" ZDF als verfassungswidrige Ländergesamtheit anzusehen ist, kann hier dahinstehen, da die für erforderlich gehaltenen Strukturmaßnahmen innerhalb des Rundfunkwesens Pluralität im engsten Sinne, mindestens also zwei selbständige Anstalten voraussetzen.

Die bereits bestehenden Mehrländeranstalten NDR und SWF sind bisher — soweit ersichtlich — noch keinen wesentlichen verfassungsbezogenen Bedenken begegnet. Das Bundesverfassungsgericht[95], das sich im sog. Fernsehurteil zu § 3 Abs. 1 des Staatesvertrages über den NDR äußerte, hat gegen den Vertrag als Ganzes nichts eingewendet. Gleichwohl kann dieses unausgesprochene Votum für die Mehrländeranstalt nicht ohne zusätzliche Überlegung für Kooperationsmaßnahmen des Rundfunks herangezogen werden; denn es bedeutet einen Unterschied, ob neben ein oder zwei Mehrländeranstalten noch sieben weitere Rundfunkstationen Eigenprogramme ausstrahlen[96] oder ob insgesamt nur

---

[89] So *Maunz-Dürig-Herzog*, Anm. 14 zu Art. 20 Abs. 1; *Werner Weber*, Spannungen, S. 70.
[90] *Werner Weber*, a.a.O.
[91] Nach Art. 79 Abs. 1, 3 GG.
[92] *Maunz-Dürig-Herzog*, Anm. 34 zu Art. 79.
[93] So ausdrücklich *Köttgen*, JöR Bd. 11 (1962), S. 173; *Zeidler*, AöR Bd. 86 (1961), S. 361 (396).
[94] *Hans Schneider*, Heranziehung, S. 29.
[95] BVerfGE 12, S. 205 (207 — Entscheidungsformel).
[96] Von dieser Situation ging das Bundesverfassungsgericht im „Fernsehurteil" (a.a.O.) aus.

zwei bis fünf Anstalten⁹⁷ existieren. Da nach den Ausführungen im III. Kapitel A II 1 wenigstens zwei Anstalten auf landesrechtlicher Grundlage notwendig sind, um ein polares Informationsspektrum zu emittieren, bleibt dieses Modell noch innerhalb der Grenzen föderativer Staatlichkeit.

Problematisch erweist sich in diesem Zusammenhang lediglich die Verfassungssperre des Art. 79 Abs. 1, 3 GG. Danach können strukturelle Neugliederungsmaßnahmen nicht durch Vereinbarungen der Länder, sondern nur mit Beschlüssen des Bundestages und des Bundesrates durchgeführt werden⁹⁸. Im Kernpunkt stellt sich also die konkrete Frage, ob die Umstrukturierung des Rundfunks die Eigenstaatlichkeit der Länder in entscheidender Weise berührt.

III. Souveränität von Gliedstaaten

Das Grundgesetz gibt in den herausragenden föderativen Bestimmungen der Art. 20 Abs. 1, 50 ff. keine Definition des Begriffes „Staatsqualität der Länder". Auch die Landesverfassungen mit ihren unterschiedlichen Staatsprädikaten⁹⁹ weisen nicht auf die Hoheitsdimensionen der politischen Gebilde hin. Das Verständnis der Länderfunktionen kann sich mithin nur aus dem Bundesstaat- und dem Demokratiebegriff des Grundgesetzes ergeben.

Die Gewaltenteilung zwischen Bund und Ländern (Art. 20 ff., 50 ff., 70 ff., 83 ff. GG) beschränkt die gegenseitig einwirkenden Souveränitätsrechte von vornherein.

Staatlichkeit kann deshalb nur in relativen Dimensionen gesehen werden¹⁰⁰. Diese Auffassung wird im Verhältnis der Bundesrepublik zu auswärtigen Staaten durch die Dispositionsermächtigung des Art. 24 GG zusätzlich getragen. Staatliche Souveränität bedeutet daher nicht bindungslose Autarkie, sondern Verwirklichung eines Machtoptimums notwendiger staatlicher Verflechtungen. Bei der Frage nach dem Dimensionen von Souveränität ist deshalb auch nicht von der Peri-

---

⁹⁷ Entsprechend dem Fusionsmodell (s. Sachverhalt).
⁹⁸ Nach Art. 79 Abs. 2 GG mit jeweils ²/₃-Mehrheit.
⁹⁹ So wird Hessen als Republik (heVf Art. 65), Bayern als Freistaat (bayVf Art. 1 Abs. 1, 2 Abs. 1) bezeichnet. Hamburg (hmbgVf Art. 1), Saarland (saarlVf Art. 60), Schleswig-Holstein (schlhVf Art. 1) u. Westberlin (berlVf Art. 1 Abs. 1) gelten jeweils als Land. Baden-Württemberg (bawüVf Art. 23 Abs. 1), Bremen (breVf Art. 64), Niedersachsen (ndsVf Art. 1 Abs. 1), Nordrhein-Westfalen (nwVf Art. 1 Abs. 1 Satz 1) und Rheinland-Pfalz (rhpfVf Art. 74 Satz 1) werden in erster Linie als Staaten tituliert.
¹⁰⁰ So auch *Peter Schneider* (Rechtsgutachten, S. 62), der Länder als „ergänzungsbedürftige Gebietskörperschaften" bezeichnet, die auf Kooperation angelegt sind.

pherie, sondern vom wesensbestimmenden Kern der Eigenstaatlichkeit auszugehen.

Souveränität setzt zunächst ein Gewaltverhältnis voraus, das nicht von Fremdstaaten, sondern vom eigenen Volk als dem in demokratischen Staaten legitimen Verfassunggeber begründet wird[101]. Die Verfassungsautonomie ist die unersetzbare Bedingung für Eigenstaatlichkeit[102]. Ihr zugeordnet werden muß ein Mindestquantum an hoheitlichem Lebensraum; denn ohne die gelebte Verfassungswirklichkeit existiert der Staat nur deklaratorisch. Es ist fraglich, ob das Grundgesetz im Hinblick auf die Art. 70 ff., 83 ff. den Ländern einen ausreichenden staatlichen Spielraum gelassen hat. Die entsprechend Art. 30 und 70 ff. GG den Ländern stillschweigend überlassenen Kompetenzen öffnen, wie *Werner Weber*[103] kritisch aufgezeigt hat, vornehmlich verwaltungsrechtliche Dimensionen. Gegenüber den legislativen Befugnissen haben die exekutiven Länderrechte ein in der Tat „unbestrittenes Übergewicht". Inwieweit den Ländern dadurch aber folgerichtig der Status von Selbstverwaltungskörperschaften mit variabler Autonomie[104] zukommt, braucht hier nicht grundsätzlich entschieden zu werden; denn konkret stellt sich ediglich die Frage, ob Kooperationsmaßnahmen im Rundfunkwesen den derzeit bestehenden Hoheitsbereich der Länder unzulässig begrenzen.

Das Zusammenwirken von Gliedstaaten ist nicht nur negativ als Reduktion partikularer Hoheitsrechte zu begreifen. Vielmehr muß das entscheidende Kriterium in der Wertigkeit zwangsläufig resultierender Einwirkungen auf die staatliche Effektivität gesehen werden. Der Erfüllung öffentlicher Aufgaben ist gegenwärtig weitaus weniger eine Grenze aus verfassungsrechtlichen als vielmehr aus finanziellen Gründen gesetzt. Der Staatsetat entscheidet im wesentlichen über das Volumen staatlicher Aufgabenerfüllung.

Soll ein strukturgefährdendes zwischenstaatliches Gefälle vermieden werden, muß den Ländern außerhalb des Art. 107 Abs. 2 GG die Möglichkeit gegeben werden, einen homogenen Leistungsstand staatlicher Tätigkeit durch koordinierende Maßnahmen zu erreichen. Dies gilt nicht nur für die Sachgebiete der sog. Daseinsvorsorge, sondern auch — und erst recht — für die öffentliche Aufgabe der Sicherung eines Informationsspektrums, das sich nach Art. 5 Abs. 1 GG qualitativ für alle Länder gleich bestimmt. Soweit die Gliedstaaten durch eigene

---

[101] Als Beispiel für die nach Art. 20 Abs. 2, 28 GG im wesentlichen gleichlautenden Landesverfassungen: bawüVf Art. 25 Abs. 1 Satz 1.
[102] *Maunz*, DStR § 24 III 6.
[103] Spannungen, S. 18/19.
[104] Bestritten von *H. E. Giese*, Staatsverträge, S. 54, 99; *Maunz-Dürig-Herzog*, Anm. 5 zu Art. 20 Abs. 1; *Schäfer*, NJW 1961, S. 1281 (1284, li. Sp.).

Gebührenpolitik nicht in der Lage sind, landesintern ausreichende Informationspotentiale zu schaffen, ergibt sich die Notwendigkeit gegenseitiger föderativer Hilfe im Sinne staatsgerechter Hoheitsverwirklichung.

Ein überregional geordnetes Rundfunkwesen hebt dabei die Staatlichkeit der Kooperationsländer nicht auf, sondern bewirkt gerade die optimale Erfüllung verfassungsrechtlich gebotener Aufgaben in gemeinsamer Aktion. Voraussetzung ist indes, daß die grundsätzlich egalitäre Stellung der Länder im Bundesstaat nicht beeinträchtigt wird. Außerdem ist die politische Willensautonomie durch den Einstimmigkeitsgrundsatz in essentiellen Fragen und durch Kündigungsrechte, die der Struktur und Funktionalität des Rundfunks angemessen sind, sicherzustellen.

IV. Grundsatz der Bundestreue

Gesamtstaatliches Leben kann sich nur im geordneten und konstruktiven Zusammenwirken seiner Einzelglieder und des Bundes voll entfalten. Die Tätigkeit der Länder als Gliedstaaten ist mithin ebenso wie die des Gesamtstaates durch geschriebene und ungeschriebene bündische Prinzipien limitiert.

Die Kooperation im Rundfunkwesen berührt das gesamtstaatliche Verhältnis insoweit, als durch die Länderinitiative der subsidiären Regelungskompetenz des Bundes (Art. 72 GG) zuvorgekommen wird. Es bedeutet für den Bundesstaat einen wesentlichen Unterschied, ob sich die Länder qua Gliedstaaten über eine Gemeinschaftsaufgabe einigen oder ob der Bund die gleiche Aufgabe gesamtstaatlich regelt und verwaltet[105]. Da es sich beim Rundfunk außerhalb der im wesentlichen auf Art. 32 GG zurückgehenden Sonderanstalten „Deutschlandfunk" und „Deutsche Welle" um übereinstimmende Kompetenzen der Länder handelt, wirkt ein kooperatives Handeln in diesem partiellen Bereich nicht grundgesetzverletzend[106].

§ 4 Vertragstechniken

I. Staatsvertrag und Verwaltungsabkommen

Die Praxis der Länderparlamente im Hinblick auf kooperative Verträge ist nicht einheitlich[107]. Die notwendige Trennung zwischen Staats-

---
[105] So auch BVerfGE 12, S. 205 (252).
[106] Im Ergebnis übereinstimmend: *Armbruster*, Rechtsgutachten, S. 15; *Bachof-Kisker*, Rechtsgutachten, S. 20, 43/44; *Geiger*, Mißverständnisse, S. 27, 28; *Krapp*, Zulässigkeit, S. 55; *Maunz*, NJW 1962, S. 1641 (1644, li. Sp.); *Hans Schneider*, VVDStR Bd. 19 (1961), S. 1 (18); *Peter Schneider*, Rechtsgutachten, S. 68, 83; *Thieme*, AöR Bd. 88 (1963), S. 38 (72).
[107] *H. E. Giese*, Staatsverträge, S. 121.

vertrag[108] und Verwaltungsabkommen[109] wird nicht immer eindeutig vollzogen. Der Vertragscharakter läßt sich oftmals nur durch die Art der Zustimmungsakte der Parlamente feststellen[110].

Hinsichtlich der erforderlichen Kooperationsverträge für eine Umstrukturierung des Rundfunkwesens kommt es auf den Rechtscharakter der Übertragung an.

II. Rechtliche Substanz des Übertragungsaktes

Die Gewähr des demokratiegerechten Informationsspektrums durch die elektronischen Potentiale Hörfunk und Fernsehen ist eine hoheitliche Aufgabe, wie im IV. Kapitel A ausführlich dargelegt wurde. Das Verwaltungsabkommen scheidet mithin als Vertragstechnik aus.

Hoheitliche Übertragungsakte sind durch die in ihren Grenzen fließenden Vertragsformen des Mandats oder der Delegation möglich. Die Wahl einer dieser Formen wird vom Verständnis der rechtlichen Substanz bestimmt, die übertragen werden soll.

Die hoheitliche Aufgabe der Länder auf dem Gebiet des Rundfunks besteht in der Errichtung und sekundär wirkenden Bestandsgewährleistung der Sendeanstalten. Kooperationsverträge, die überregional, d. h. über die Ländergrenzen hinaus, ausgerichtet sind, enthalten den legislativ notwendigen Schöpfungsakt. Die Durchführung und primäre Kontrollfunktion ist indes den gesellschaftlichen Kräften überlassen. Die Länder werden nur noch dadurch hoheitlich tätig, daß sie in gesetzgeberischer Weise Voraussetzungen für die sekundär einsetzende Funktionskontrolle normativ festlegen.

Ist aber die Pflicht des Landes zur Errichtung des Rundfunks mit dem kooperativen Vertragsschluß erfüllt, so kann insoweit keine hoheitliche Funktion mehr übertragen werden; denn das Land übt sie qua Hoheitsträger selbst aus. Hinsichtlich der sekundären Aufsichtsrechte sichert sich das Land durch vertraglich festgelegte Kündigungs- und Beanstandungsrechte den Weiterbestand kompetenzentsprechender Hoheitsgewalt, so daß auch insofern eine Übertragung von Hoheitsrechten nicht stattfindet. Die Frage nach der Anwendung von Delegation oder Mandat scheidet damit aus.

Die gleiche Schlußfolgerung ziehen auch *Bachof-Kisker*[111], allerdings mit der Begründung, daß auf ein einwirkendes Emissionsrecht natur-

---

[108] Der sich auf Gegenstände der Legislative bezieht.
[109] Das Verwaltungsangelegenheiten betrifft.
[110] Beschluß = Verwaltungs-, Gesetz = Gesetzgebungsbereich.
[111] Rechtsgutachten, S. 40, 43.

gemäß nicht verzichtet werden kann; denn sonst ließen sich auf diesem Wege auch unerwünschte Auslandssender ausschalten. Diese Überlegung trifft aber insoweit nicht den Kern des Problems, als nicht die Frage nach dem gestellt wird, was eigentlich hoheitlich vom Land zu veranlassen ist.

Den Ländern bleibt es überlassen, welche Bezeichnung sie ihren Zustimmungsakten zu den Kooperativverträgen geben wollen.

III. Vertretungsmaxime

Die zur Vertretung bei Vertragsabschlüssen berufenen Organe sind in den einzelnen Bundesländern nicht identisch[112]. Die von der Verfassung mit Vertretungsbefugnissen ausgestatteten Organe haben auch kein uneingeschränktes Vertragsabschlußrecht. Die Länderverfassungen[113] begrenzen dieses Recht in der Regel durch das Erfordernis des Parlamentsvotums für den Vertragsabschluß. Nur Bremen und Berlin sehen in ihren Verfassungen keine Bestimmungen über die Mitwirkung des Parlaments beim Abschluß von Verträgen vor. Es gilt hier aber der Satz des gemeindeutschen Verfassungsrechts, daß die Landtage zustimmen müssen, wenn es sich um Maßnahmen handelt, die das parlamentarische Gesetzgebungsrecht binden[114].

IV. Grundsätze der Wirksamkeit

Innerdeutsche Staatsverträge unterliegen dem für Bund und Länder gemeinsam geltenden Staatsrecht des Grundgesetzes und den nach diesen Grundsätzen (Art. 28 GG) geformten Landesverfassungen, nicht aber dem von heterogenen Verfassungsbezirken ausgehenden Völkerrecht[115]. Die Gültigkeit zwischenstaatlicher Verträge auf der Grundlage des deutschen Verfassungsrechts wird bestimmt durch die Verfahrensregeln der Landesverfassungen, auf die hier verwiesen werden kann.

---

[112] Auf die Übersicht bei *Giese* (Staatsverträge, S. 106) wird verwiesen.
[113] Übersicht bei *Giese,* a.a.O., S. 106.
[114] s. BVerfGE 4, S. 250 (276 f.).
[115] *H. E. Giese*, Staatsverträge, S. 100; *Krapp*, Zulässigkeit, S. 67; *Hans Schneider*, VVDStR Bd. 19, 1961,, S. 1 (13).

Viertes Kapitel

Schlußthesen

A. Leitsätze

§ 1 Der Rundfunk ist eine grundrechtsbelehnte politische Institution der Gesellschaft.

§ 2 Die programmpolitische Aufgabe des Rundfunks besteht in der Emission eines „demokratiegerechten Informationsspektrums."

B. Konsequenzen

§ 1 Die bestehenden Kooperationsverträge sind verfassungswidrig, soweit sie die technisch gegebene Wahlmöglichkeit des Rezipienten zwischen den Programmen von minimal zwei Rundfunkanstalten ausschließen.

§ 2 Das System der Rundfunkanstalten in der Bundesrepublik und in Westberlin ist zur Verwirklichung des verfassungsgebotenen Prinzips freier Informationsgebung wie folgt umzustrukturieren:

I. Die bestehenden Anstalten sind zur Erreichung optimaler technischer, programmbezogener und finanzieller Effektivität in der Weise zu fusionieren, daß im Gesamtsendegebiet minimal die Ausstrahlungen von zwei programm-selbständigen Anstalten empfangen werden können und daß wirtschaftlich tragfähige Anstalten entstehen.

II. Der meinungspolitische Freiheitsraum des Rundfunks ist durch ein funktional akzentuiertes Verständnis von „Neutralität" zu sichern.

III. Landesstudios sind so zu funktionalisieren, daß sie die notwendige regionale Komplementäraufgabe im Interdependenzverständnis von Rundfunk und Presse erfüllen.

IV. Die Werbesendungen der Wirtschaft sind in den Rundfunkverfassungen ausdrücklich als typisch geregeltes Senderecht des Integrationsfaktors Wirtschaft zu normieren.

V. Die Einnahmestruktur ist durch Festsetzung eines ausreichenden Gebührenübergewichts im Verhältnis zu den Beteiligungsgewinnen aus Werbesendungen in dem Umfang zu verändern, daß die finanzielle Unabhängigkeit des Rundfunks und damit seine uneingeschränkte politische Funktionalität gesichert ist.

VI. Der Rundfunkrat ist in eine Generalversammlung der den Rundfunk tragenden Gesellschaft und in ein daraus demokratisch gewähltes, zahlenmäßig beschränktes, arbeitsfähiges Kontrollorgan aufzulösen.

VII. Regierungs- und Parteivertretern ist die Präsenz in den wählenden und gewählten Gesellschaftsgremien des Rundfunks zu versagen.

VIII. Die Öffentlichkeit der Sitzungen aller Gremien ist normativ zu garantieren.

IX. Ein Beauftragter des Rundfunkrates ist dem Intendanten für programmpolitische Entscheidungen beizuordnen.

X. Die staatliche Rechtsaufsicht ist gegenüber der gesellschaftlichen Bestandskontrolle als subsidiär zu kennzeichnen.

§ 3 Die vertragschließenden Länder werden bei Fusionsabkommen nicht aus der „Kulturhoheit", sondern aus dem politischen Auftrag der Art. 5 Abs. 1, 20 (28) GG tätig.

§ 4 Die notwendig über den Rundfunk abzuschließenden Staatsverträge sind unbedenklich, da eine Übertragung von Hoheitsrechten nicht stattfindet.

Anhang

1. Satzung der Arbeitsgemeinschaft der öffentlich-rechtlichen Rundfunkanstalten der Bundesrepublik Deutschland (ARD) vom 9./10. 6. 1950, zuletzt abgeändert am 7. 6. 1962 in: *ARD-Denkschrift*, S. 54

2a. Länderabkommen über die Koordinierung des Ersten Fernsehprogramms vom 17. 4. 1959 in: *ARD-Denkschrift*, S. 37

2b. Verwaltungsvereinbarung der Landesrundfunkanstalten über die Zusammenarbeit auf dem Gebiet des Fernsehens vom 27. 3. 1953, i. d. F. vom 2. 7. 1964 in: *ARD-Denkschrift*, S. 39

3. Verwaltungsvereinbarung der Landesrundfunkanstalten über die Zusammenarbeit ihrer Dritten Fernsehprogramme vom 7. 9. 1966 in: *ARD-Denkschrift*, S. 44/45

4a. Länderabkommen über einen Finanzausgleich zwischen den Rundfunkanstalten vom 17. 4. 1959, i. d. F. vom 8. 11. 1961 in: *ARD-Denkschrift*, S. 50

4b. Finanzausgleichsvertrag der Landesrundfunkanstalten aus dem Jahre 1962, auszugsweise in: *ARD-Denkschrift*, S. 52 f.

5. Rahmenprogramm-Vertrag der Werbefernsehgesellschaften vom 1. 9. 1960 in: *ARD-Denkschrift* S. 48 f.

6. Vorläufige Vereinbarung zwischen den Landesrundfunkanstalten und der Anstalt Zweites Deutsches Fernsehen vom 18. 9. 1967 in: *ARD-Denkschrift*, S. 46.

7. Verwaltungsvereinbarung zwischen den Landesrundfunkanstalten und der Anstalt Zweites Deutsches Fernsehen über das Fernseh-Vormittagsprogramm vom 1. 1. 1966 in: *ARD-Denkschrift*, S. 42 f.

8. Neben den ARD- und ARD/ZDF-Abkommen über Gemeinschaftssendungen existieren Vereinbarungen einzelner Landesrundfunkanstalten untereinander, so zwischen WDR und NDR über ein gemeinsames I. Hörfunkprogramm und das Gastarbeiterprogramm (*Michel-Kommission*, S. 25 r. Sp.), zwischen SWF und SDR (*Michel-Kommission*, S. 175 li. Sp.) und NDR und RB (*Michel-Kommission*, S. 175 li. Sp.) im Werbefernsehprogramm, sowie zwischen NDR, RB und SFB (o. Qu., cfr. Programmzeitschriften) über ein gemeinschaftliches Drittes Hörfunk- und Fernsehprogramm.

9. Gemeinsame Kommissionen und Institutionen werden sowohl von der ARD allein als auch in Zusammenarbeit mit dem ZDF getragen. Eine Übersicht über die gebildeten Kommissionen enthält die *ARD-Denkschrift* (S. 57), auf die hier verwiesen wird.

Literaturverzeichnis[1]

Die Zitate sind kapitelweise geordnet.

Zitatverweisungen beziehen sich auf Anmerkungsstellen innerhalb des betreffenden Kapitels, soweit keine andere Kennzeichnung erfolgt ist.

Armbruster, Hubert: Rechtsgutachten zur innerbayerischen Geltung des Staatsvertrages über die Errichtung der Anstalt des öffentlichen Rechts „Zweites Deutsches Fernsehen", Schriftenreihe des ZDF, Heft 3, November 1965.

Arndt, Adolf: Begriff und Wesen der öffentlichen Meinung, in: Die Öffentliche Meinung, München 1962, S. 1 ff.

— Das *Werbefernsehen* als Kompetenzfrage, JZ 1965, S. 337 ff.

— Die *Rolle der Massenmedien* in der Demokratie, Schriftenreihe der Deutschen Studiengesellschaft für Publizistik, Band 6, S. 1 ff., München und Berlin 1966.

Auer, Alfons: Wer braucht den Kirchenfunk? in: Hören und Sehen, Frankfurt/Main 1962, S. 33 ff.

Bachof, Otto: Verbot des Werbefernsehens durch Bundesgesetz, Beiträge zum Rundfunkrecht Heft 9, Frankfurt/Main - Berlin 1966.

Bachof-Kisker: Rechtsgutachten zur Verfassungsmäßigkeit des Staatsvertrages vom 6. Juni 1961 über die Errichtung der Anstalt „Zweites Deutsches Fernsehen" sowie zu deren Anspruch auf Abführung eines Anteils am Fernsehgebührenaufkommen gegen den „Bayerischen Rundfunk", Schriftenreihe des ZDF, Heft 2, 1965.

Barbey, Günther: Rechtsübertragung und Delegation, Jur. Dissertation Münster 1962.

Bausch, Hans: Die Rolle von Hörfunk und Fernsehen in der Demokratie, Schriftenreihe der Deutschen Studiengesellschaft für Publizistik, Band 6, S. 34 ff.

— Gewaltenteilung in der Publizistik, in: Jahre der Wende, Festgabe für Alex Möller, Karlsruhe 1968, S. 277 ff.

Bettermann, Karl August: Rundfunkfreiheit und Rundfunkorganisation, DVBl. 1963, S. 41 ff.

Von Bismarck, Klaus: Immer mehr *Proporz im Rundfunk*, Gedruckter Vortrag, Herausgegeben vom Westdeutschen Rundfunk Köln, 1966.

Borinski, Fritz: Politische Erziehung des Rundfunkhörers in soziologischer Sicht, in: Der Rundfunk im politischen und geistigen Raum des Volkes, Denkschrift des NWDR o. J. (1952), S. 29 ff.

---

[1] Von Titel und Quelle abweichende Zitierweise ist durch veränderten Druck gekennzeichnet.

Bussmann, Kurt: Die *Beziehungen* der Rundfunkanstalten zu den Zeitungsverlagen unter der Sicht des Wettbewerbsrechts, Beiträge zum Rundfunkrecht, Heft 3, Frankfurt/Main 1965, und ARD-Dokumentation Bd. 3, S. 14 ff.

Carell, Erich: Allgemeine Volkswirtschaftslehre, 12., verbesserte und erweiterte Auflage, Heidelberg 1966.

Conrad, Wolfgang: Der *Öffentlichkeitsauftrag der Kirche,* Göttinger rechtswissenschaftliche Abhandlungen, Bd. 52, Göttingen 1964.

Czajka, Dieter: *Pressefreiheit* und „öffentliche Aufgabe" der Presse, res publica Bd. 20, Stuttgart - Berlin - Köln - Mainz 1968.

Dröge, Franz: Die Aussagequelle in der Fernseh-Wirkungsforschung, RuF 1968, S. 34 ff.

Eberhard, Fritz: *Rundfunk als Organ* der öffentlichen Meinung, in: Hessische Hochschulwochen für staatswissenschaftliche Fortbildung, Bd. 27, 1960, S. 59 ff.

— Der *Rundfunkhörer* und sein Programm, Berlin 1962.

Eichmann-Mörsdorf: Lehrbuch des Kirchenrechts, I. Bd., 10. Auflage, München - Paderborn - Wien 1964.

Eschenburg, Theodor: Grenzen der Freiheit des Rundfunks, RuF 1963, S. 136 ff.

— *Staat und Gesellschaft* in Deutschand, München 1965.

Feldmann, Erich: *Theorie* der Massenmedien, München - Basel 1952.

Forsthoff, Ernst: Rechtsfragen der Werbesendungen im Fernsehen, DÖV 1957, S. 97 ff.

Fröhler, Ludwig: Gutachten über die Frage der Verfassungsmäßigkeit des Staatsvertrages über die Errichtung der Anstalt des öffentlichen Rechts „Zweites Deutsches Fernsehen", Herausgegeben vom Bayerischen Rundfunk München, Juni 1963.

— *Werbefernsehen* und Pressefreiheit, Beiträge zum Rundfunkrecht, Heft 4, Frankfurt/Main - Berlin 1965, und ARD-Dokumentation Bd. 3, S. 61 ff.

— Die Gesetzgebungszuständigkeit des Bundes für ein Verbot des Werbefernsehens durch die öffentlich-rechtlichen Rundfunkanstalten, Beiträge zum Rundfunkrecht, Heft 6, Frankfurt/Main 1966, und ARD-Dokumentation Bd. 3, S. 103 ff.

Furchner, Klaus: Von der Notwendigkeit der Rundfunkneuordnung in der Bundesrepublik Deutschland, Würzburg 1960.

Geiger, Willi: Die *wechselseitige Treuepflicht* von Bund und Ländern, in: Föderalistische Ordnung, Mainz 1961, S. 113 ff.

— *Mißverständnisse* um den Föderalismus, Berlin 1962.

— Die öffentliche Meinung und wir, in: Stimmen der Zeit, 175. Bd., 1965, S. 454 ff.

Giese, Friedrich: Die Rundfunkkompetenz in der Bundesrepublik, DÖV 1953, S. 587 ff.

Giese, Heinz-Ewald: *Staatsverträge* und Verwaltungsabkommen der deutschen Bundesländer untereinander sowie zwischen Bund und Ländern, Jur. Dissertation Bonn 1961.

Giese-Schunk: Grundgesetz für die Bundesrepublik Deutschland, Frankfurt/Main, 1965.

Glotz, Peter: Das föderative Prinzip und die Rationalisierung im Rundfunkwesen, RuF 1967, S. 376 ff.

Groß, Rolf: Zur Zulässigkeit eines bundesgesetzlichen Verbots der Werbesendungen in Funk und Fernsehen, DÖV 1965, S. 443 ff., und ARD-Dokumentation Bd. 3, S. 136 ff.

Günther-Kommission: Schlußbericht der Kommission zur Untersuchung der Gefährdung der wirtschaftlichen Existenz von Presseunternehmen und der Folgen der Konzentration für die Meinungsfreiheit in der Bundesrepublik, Bundesdrucksache V/3122, Bad Godesberg 1968.

Haacke, Wilmont: Zeitung und Zeitschrift als *Mittel der Kommunikation,* in: Hessische Hochschulwochen für staatswissenschaftliche Fortbildung, Bd. 27, 1960, S. 22 ff.

— *Meinungsbildung* durch Unterhaltung, in: Die Öffentliche Meinung, München u. Berlin 1962, S. 31 ff.

Haacke-Visbeck: *Institutionen* der Meinungsbildung, in: Die Freiheit der Meinungsbildung und -äußerung, Hannover 1967, S. 47 ff.

Habermas, Jürgen: *Strukturwandel* der Öffentlichkeit, Politica, Bd. 4, Neuwied 1962.

Haegert, Wilhelm: Organe der Länder auf Bundesebene, NJW 1961, S. 1137 ff.

Hämmerlein, Hans: Public Relations der öffentlichen Hand, DÖV 1963, S. 364 ff.

Haensel, Carl: Das völkerrechtliche Argument in der aktuellen Rundfunkgesetzgebung, NJW 1953, S. 365 ff.

— Staat und Rundfunk, DVBl. 1957, S. 446 ff.

Hamann, Andreas: Wirtschaftswerbung im Rundfunk und Fernsehen, NJW 1957, S. 1422 ff.

— Das *Grundgesetz,* 2. Auflage, Neuwied - Berlin 1961.

Heinemann, Gustav W.: Die Rechtsordnung des politischen Kampfes, NJW 1962, S. 889 ff.

Hennis, Wilhelm: Zum Begriff der öffentlichen Meinung, in: Hessische Hochschulwochen für staatswissenschaftliche Fortbildung, Bd. 27, 1960, S. 12 ff.

Hermann, Günter: Die Rundfunkanstalt, AöR Bd. 90, 1965, S. 286 ff.

— Rundfunk*gesetze,* Köln - Berlin - Bonn - München 1966.

Hesse, Konrad: Die Regelung von Rundfunkleistungen der Bundespost durch Rechtsverordnung, Beiträge zum Rundfunkrecht, Heft 8, Frankfurt/Main - Berlin 1966.

— *Grundzüge* des Verfassungsrechts der Bundesrepublik Deutschland, Karlsruhe 1967.

Von der Heydte, Freiherr Friedrich August: Föderalismus, Volkssouveränität und Parteien, in: Föderalistische Ordnung, Mainz 1961, S. 129 ff.

Hoffmann, Willy: Privatrechtliche Rechtsprobleme des Rundfunks, DJZ 1932, S. 779 ff.

Holzamer, Karl: Kulturpolitik und Rundfunkorganisation, RuF 1955, S. 374 ff.

Huber, Ernst Rudolf: Der Streit um das Wirtschaftsverfassungsrecht, II, DÖV 1965, S. 135 ff.

Huber, Hans: Staat und Verbände, Recht und Staat, Heft 218, Tübingen 1958.

Institut für Rundfunktechnik: Ausbau der Fernsehversorgung bei der ARD bis Ende 1966, Bericht, Hamburg 1967 (Verfasser: Dr. W. Stepp).

Ipsen, Hans Peter: Die *Rundfunkgebühr,* 2., verbesserte Auflage, Hamburg 1958.

— Rechtsfragen zur „Ausgliederung" des Werbefernsehens, NJW 1963, S. 2102 ff., und ARD-Dokumentation, Bd. 3, S. 160 ff.

— Zur Legalität des Werbefernsehens, NJW 1963, S. 2049 ff., und ARD-Dokumentation, Bd. 3, S. 142 ff.

Jank, Klaus Peter: Die Verfassung der deutschen Rundfunkanstalten, DVBl. 1963, S. 44 ff.

— Die *Rundfunkanstalten* der Länder und des Bundes, Jur. Dissertation Freie Universität Berlin 1965.

Jecht, Hans: Die Öffentliche Anstalt, Schriften zum Öffentlichen Recht, Bd. 10, Berlin 1963.

Jedele, Helmut: Ein neues Fernseh-Zeitalter, in: Jahre der Wende, Festgabe für Alex Möller, Karlsruhe 1968, S. 285 ff.

Jellinek, Georg: Allgemeine Staatslehre, 3. Auflage, Bad Homburg v. d. H. - Berlin - Zürich 1966.

Jürgens, Erhard: Verfassungsmäßige Grenzen der Wirtschaftswerbung, VerwArch Bd. 53, 1962, S. 105 ff.

Klein, Karl Heinz: Die Übertragung von Hoheitsrechten, Berlin 1952.

Kölble, Josef: Gemeinschaftsaufgaben zwischen Bund und Ländern sowie zwischen den Ländern, in: Schriftenreihe der Hochschule für Verwaltungswissenschaften Speyer, Bd. 11 1962, S. 17 ff.

— „Gemeinschaftsaufgaben" der Länder und ihre Grenzen, NJW 1962, S. 1081 ff.

Kötterheinrich, Manfred: Die *Konzentrationsbewegung* in der deutschen Nachkriegspresse, die feder, 1964, Heft 7/8, und ARD-Dokumentation Bd. 1, S. 195 ff.

Köttgen, Arnold: Der Einfluß des Bundes auf die deutsche Verwaltung und die Organisation der bundeseigenen Verwaltung, JöR Bd. 3, 1954, S. 67 ff.

— Titel wie zuvor, JöR Bd. 11, 1962, S. 173 ff.

— Die *Kulturpflege* und der Bund, Staats- und verwaltungswissenschaftliche Beiträge, Speyer 1957, S. 183 ff.

Kogon, Eugen: Anmerkungen zum Thema „Informationsnotwendigkeit—Informationsfreiheit—Informationspflicht", in: ARD-Dokumentation Bd. 1, S. 163 ff.

Kommentar zum Bonner Grundgesetz (Bonner Kommentar), Redaktion: B. Dennewitz, fortgeführt von Kurt Georg *Wernicke,* Hamburg 1967.

Kortzfleisch, Siegfried von: *Verkündigung* und „öffentliche Meinungsbildung", Stuttgart 1960.

Krapp, Franzjosef: Die verfassungsrechtliche *Zulässigkeit* gemeinsamer Ländereinrichtungen, Herausgegeben vom Sekretariat des Bundesrates, Bonn 1962.

Kratzer, Jakob: Rechtsprobleme des Rundfunks, BayVBl. 1957, S. 79 f.
— Die Mainzer Fernsehanstalt, Ein Beitrag zum Problem der Gemeinschaftseinrichtungen der Länder, DVBl. 1963, S. 309 ff.

Krause-Ablaß, Günter B.: Die Bedeutung des Fernsehurteils des Bundesverfassungsgerichts für die Verfassung des deutschen Rundfunks, JZ 1962, S. 158 ff.
— Kommunaler und privater Rundfunk im lokalen Bereich, DÖV 1962, S. 249 ff.
— Zur Diskussion um das Werbefernsehen: verfassungsrechtliche Grundlagen und Möglichkeiten der Organisation, RuF 1963, S. 129 ff., und ARD-Dokumentation Bd. 3, S. 188 ff.
— Das Recht auf privaten Fernsehbetrieb, RuF 1968, S. 378 ff.

Krüger, Herbert: Allgemeine Staatslehre, Stuttgart 1964.
— Der Rundfunk im *Verfassungsgefüge* und in der Verwaltungsordnung von Bund und Ländern, Frankfurt/Main - Berlin 1960.
— Die *öffentlichen Massenmedien* als notwendige Ergänzung der privaten Massenmedien, Frankfurt/Main - Berlin 1965.

Küchenhoff, Günther und Erich: Allgemeine Staatslehre, 5., neubearbeitete Auflage, Stuttgart 1964.

Langenbucher, Wolfganng R.: Das Fernsehen in der Presse, RuF 1968, S. 1 ff.

Leibholz, Gerhard: *Strukturprobleme* der modernen Demokratie, Karlsruhe 1958.

Leibholz-Rinck: Grundgesetz für die Bundesrepublik Deutschland, 2., unveränderte Auflage, Köln 1966.

Leiling, Otto Heinrich: Die *Gesetzgebungsbefugnis* zur Neuordnung des Rundfunkwesens, München und Berlin 1955.

Leisner, Walter: *Werbefernsehen* und Öffentliches Recht, Schriften zum Öffentlichen Recht, Bd. 56, Berlin 1967.

Lenz, Friedrich: Einführung in die Soziologie des Rundfunks, Emsdetten 1952.

Lenz, Helmut: Rundfunkorganisation und öffentliche Meinungsbildungsfreiheit, JZ 1963, S. 338 ff.

Lerche, Peter: Rechtsgutachten zur Rechtsstellung des Deutschlandfunks, hektographiert o. J.
— Föderalismus als nationales Ordnungsproblem, VVDStR Bd. 21, 1964, S 66 ff.
— *Rechtsprobleme* des Werbefernsehens, Beiträge zum Rundfunkrecht, Heft 2, Frankfurt/Main - Berlin 1965.
— Werbung und Verfassung, München und Berlin 1967.

Löffler, Martin: Private Wirtschaftswerbung durch öffentliche Rundfunkanstalten, BB 1956, S. 729 ff.
— Die *Öffentliche Meinung* — das unsichtbare Parlament, in: Die Öffentliche Meinung, S. 20 ff., München und Berlin 1962.
— Die Rolle der Massenmedien in der Demokratie, München und Berlin 1966.

Loehning, Curt: Unabhängigkeit des Rundfunks, DÖV 1953, S. 193 ff.

Loewenstein, Karl: Die Krise des amerikanischen Rundfunk- und Fernsehwesens, AöR Bd. 86, 1961, S. 404 ff.

Magnus, Kurt: Neuordnung des Rundfunkwesens, DÖV 1952, S. 593 ff.

— Der Rundfunk in der Bundesrepublik und Westberlin, Eine Materialsammlung, Frankfurt/Main 1955.

Maletzke, Gerhard: Psychologie der Massenkommunikation, Hamburg 1963.

Mallmann, Walter: Öffentliche Meinung und Verfassungsrecht, in: Hessische Hochschulwochen für staatswissenschaftliche Fortbildung, Bd. 27, 1960, S. 168 ff.

— Rundfunkreform im Verwaltungswege?, Frankfurt/Main 1960 (hektographiert).

Von Mangoldt, Hermann: Die rechtliche Ordnung des Rundfunks im Ausland, München und Berlin 1953.

Von Mangoldt-Klein: Das Bonner Grundgesetz, Bd. I/II, Berlin und Frankfurt/Main 1966.

Maunz, Theodor: Die Gesetzmäßigkeit des Werbefernsehens, BayVBl. 1957, S. 4 ff.

— Pflicht der Länder zur Uneinigkeit?, NJW 1962, S. 164 ff.

— Rechtsgutachten über die Frage der Vereinbarkeit des Gesetzentwurfs über die „Wahrnehmung gemeinsamer Aufgaben auf dem Gebiet des Rundfunks" mit dem Grundgesetz, in: Der Fernsehstreit vor dem Bundesverfassungsgericht, Bd. I, Karlsruhe 1964 (herausgegeben von Günter Zehner), S. 276 ff.

— Deutsches Staatsrecht (DStR), 16., neubearbeitete Auflage, München 1968.

Maunz-Dürig-Herzog, Grundgesetz, Kommentar, Bd. I/II, München und Berlin 1968.

Mayer, Franz: Landesgesetzgeber und Fernsehgebühr, *Rechtsgutachten*, Herausgegeben vom Bayerischen Rundfunk Oktober 1963.

Mayer, Otto: Deutsches Verwaltungsrecht, Bd. II, 3. Auflage, München - Leipzig 1924.

Meyn, Hermann: Massenmedien in der Bundesrepublik Deutschland, Berlin 1966.

Michel-Kommission: Bericht der Kommission zur Untersuchung der Wettbewerbsgleichheit von Presse, Funk/Fernsehen und Film, Bundestagsdrucksache V/2120, Bad Godesberg, September 1967.

Mikat, Paul: Rechtsprobleme des Rundfunks und Fernsehens im Hinblick von Kirche und Staat, in: Wem gehört der Rundfunk?, herausgegeben von Becker-Siegel, Frankfurt/Main 1960.

Moser, Artur: Rundfunk und Grundgesetz, JZ 1951, S. 70 ff.

— Nochmals Rundfunk und Grundgesetz, DÖV 1954, S. 389 ff.

Noelle-Neumann, Elisabeth: Die Träger der Öffentlichen Meinung, in: Die Öffentliche Meinung, München und Berlin 1962, S. 25.

Patzig, Werner: Der kooperative Föderalismus, DVBl. 1966, S. 389 ff.

Peters, Hans: Die *Rechtslage* von Rundfunk und Fernsehen nach dem Urteil des Bundesverfassungsgerichts vom 28. Februar 1961, Gütersloh 1961.

— Die *Zuständigkeit* des Bundes im Rundfunkwesen, 1954.

Pfeiffer, Gerd: Selbstkoordinierung und Gemeinschaftseinrichtungen der Länder, NJW 1962, S. 565 ff.

Pohle, Heinz: Der Rundfunk als *Instrument der Politik*, Hamburg 1955.

Pressler, H.: Über die Rundfunkwellenverteilung, RuF 1957, S. 206 ff.

Reich, Donald D.: Der Wiederaufbau des deutschen Rundfunks unter der Militärregierung, RuF 1963, S. 375 ff.

Reichert, Hans Ulrich: Der *Kampf um die Autonomie* des deutschen Rundfunks, Heidelberg und Stuttgart 1955.

Reinelt, Manfred Michael: Der Rundfunk in der westdeutschen Verfassungsordnung, Jur. Dissertation Göttingen 1959.

Reissner, Helmut: Das Grundrecht der Meinungsfreiheit auf dem Gebiet des Rundfunks und des Fernsehens in der Bundesrepublik Deutschland, Jur. Dissertation Würzburg 1962/63.

Report of the Committee on Broadcasting 1960 (Pilkington-Bericht) in ARD-Dokumentation Bd. 1, S. 360 ff.

Ridder, Helmut: Kirche—Staat—Rundfunk, Frankfurt/Main 1958.

— Die öffentliche Aufgabe der Presse im System des modernen Verfassungsrechts, Wien 1962 (gedruckter Vortrag).

— Die Zuständigkeit zur Gesetzgebung über den Rundfunk, in: Der Fernsehstreit vor dem Bundesverfassungsgericht, Bd. I, Karlsruhe 1964, S. 292 ff.

— Meinungsfreiheit, in: Neumann-Nipperdey-Scheuner, Bd. II, 1964, S. 243 ff.

Rindfleisch, Hans: Zur gegenwärtigen technischen Situation des deutschen Rundfunks, in: Der Fernsehstreit vor dem Bundesverfassungsgericht, Karlsruhe 1964, Bd. II, S. 45 ff.

Schäfer, Hans: Wie steht es um unsere bundesstaatliche Ordnung?, NJW 1961, S. 1281 ff.

Scheuner, Ulrich: Die *föderalistische Ordnung* in den Vereinigten Staaten und der Schweizerischen Eidgenossenschaft, in: Föderalistische Ordnung, Mainz 1961, S. 63 ff.

— Die *Zuständigkeit* des Bundes im Bereich des Rundfunks, in: Der Fernsehstreit vor dem Bundesverfassungsgericht, Karlsruhe 1964, Bd. I, S. 315 ff.

— Wandlungen im Föderalismus der Bundesrepublik, DÖV 1966, S. 513 ff.

Schmeißer, Hans-Konrad: Die juristische Problematik des Werbefunks, Jur. Dissertation Erlangen 1960.

Schmidt-Bleibtreu-Klein: Kommentar zum Grundgesetz für die Bundesrepublik Deutschland, Neuwied und Berlin 1967.

Schmitt, Carl: Verfassungslehre, 4., verbesserte Auflage, Berlin 1965.

Schneider, Franz: Die *historischen Voraussetzungen* von Artikel 5 des Grundgesetzes, in: Die Freiheit der Meinungsbildung und -äußerung, Hannover 1967, S. 7 ff.

— *Politik und Kommunikation*, Mainz 1967.

Schneider, Hans: Staatsverträge und Verwaltungsabkommen zwischen deutschen Bundesländern, DÖV 1957, S. 644 ff.

— Rundfunk und „Kulturhoheit", DÖV 1960, S. 845 ff.

- Informationsfreiheit und Rundfunkgenehmigung, NJW 1961, S. 53 ff.
- Verträge zwischen Gliedstaaten im Bundesstaat, in VVDStR Bd. 19, 1961, S. 1 ff.
- Die *Heranziehung* des Bayerischen Rundfunks zur Finanzierung des „Zweiten Deutschen Fernsehens", Rechtsgutachten, Herausgegeben vom Bayerischen Rundfunk, Oktober 1963.
- Rundfunk als Bundesaufgabe, in: Der Fernsehstreit vor dem Bundesverfassungsgericht, Karlsruhe 1964, Bd. I, S. 417 ff.
- Werbung im Rundfunk, Beiträge zum Rundfunkrecht, Heft 1, Frankfurt/Main - Berlin 1965.

Schneider, Peter: Rechtsgutachten zur verfassungsrechtlichen Beurteilung des Staatsvertrages über die Errichtung der Anstalt des öffentlichen Rechts „Zweites Deutsches Fernsehen", Schriftenreihe des ZDF, Heft 3, November 1965.

Seidel, Hans: Vom *Mythos der öffentlichen Meinung*, Aschaffenburg 1961.

Smend, Rudolf: Das Recht der freien *Meinungsäußerung*, VVDStR Bd. 4, 1928, S. 44 ff.

Spanner, Hans: Art. 5 und die *Ordnung des Rundfunks* in materiell-rechtlicher Sicht, in: Der Fernsehstreit vor dem Bundesverfassungsgericht, Karlsruhe 1964, Bd. I, S. 357 ff.

Stern, Klaus: *Funktionsgerechte Finanzierung* der Rundfunkanstalten durch den Staat, Schriftenreihe des Instituts für Rundfunkrecht an der Universität zu Köln, Band I, München 1968.

Von Stralenheim, Henning Freiherr: „Zweites Deutsches Fernsehen" als öffentlich-rechtliche Anstalt der Länder, BayVBl. 1962, S. 70 ff.

Süsterhenn, Adolf: *Föderalismus* und Freiheit, in: Föderalistische Ordnung, Mainz 1961, S. 27 ff.

Thieme, Werner: Der Finanzausgleich im Rundfunkwesen, AöR Bd. 88, 1963, S. 38 ff.

Triepel, Heinrich: Delegation und Mandat im öffentlichen Recht, Stuttgart u. Berlin, 1942.

Türk, Walter: Zur Weiterentwicklung des deutschen Rundfunkrechts im neuen saarländischen Rundfunkgesetz, DÖV 1966, S. 813 ff.

Ullrich-Thomsen: Zur Ausgliederung des Werbefunks aus den Rundfunkanstalten, DÖV 1962, S. 245 ff.
- Der finanzielle Wert des Werbefunks, NJW 1964, S. 574 ff.

Verdross-Drossberg, Alfred: *Grundlinien* der antiken Rechts- und Staatstheorie, 2., erweiterte Auflage, 1948 (Wien).

Volle, Klaus: Die verfassungsrechtliche Problematik der Privatisierung und Kommerzialisierung von Rundfunk und Fernsehen, Jur. Dissertation Bochum 1967.

Weber, Werner: Zur Rechtslage des Rundfunks, in: Der Rundfunk im politischen und geistigen Raum des Volkes, NWDR-Denkschrift o. J. (1952), S. 63 ff.
- Die Körperschaften, Anstalten und Stiftungen des öffentlichen Rechts, 2., erweiterte Auflage, München und Berlin 1943.

— *Spannungen* und Kräfte im westdeutschen Verfassungssystem, 2. Auflage, Stuttgart 1958.
— Sendezeiten für Wahlprogramme der politischen Parteien im Rundfunk, DÖV 1962, S. 241 ff.
— Die *Gegenwartslage* des deutschen Föderalismus, Göttingen 1966.
— Teilung der Gewalten als Gegenwartsproblem, Hannover 1968.

Weniger, Erich: Die geistige und politische Freiheit im Rundfunk, in: Der Rundfunk im politischen und geistigen Raum des Volkes, NWDR-Denkschrift o. J (1952), S. 13 ff.

Wenke, Hans: Der Rundfunk im Dienste des politischen Lebens, in: Der Rundfunk im politischen und geistigen Raum des Volkes, NWDR-Denkschrift o. J. (1952), S. 45 ff.

— Grenzen der Freiheit des Rundfunks, RuF 1963, S. 147 ff.

Wildenmann-Kaltefleiter: *Funktionen* der Massenmedien, Schriften des Forschungsinstituts für Politische Wissenschaften der Universität zu Köln, Heft 12, Frankfurt/Main - Bonn 1965.

Wilkens, Heinz: Die Aufsicht über den Rundfunk, Jur. Dissertation Frankfurt/Main 1965.

Windsheimer, Hans: Die „Information" als Interpretationsgrundlage für die subjektiven öffentlichen Rechte des Art. 5 Abs. 1 GG, Schriften zum Öffentlichen Recht, Bd. 69, Berlin 1968.

Wolff, Hans J.: Verwaltungsrecht III (Bd.), München und Berlin 1966.

Zeidler, Karl: Gedanken zum Fernsehurteil des Bundesverfassungsgerichts, AöR Bd. 86, 1961, S. 361 ff.

— Probleme der Rundfunkgebühr im Anschluß an das Urteil des Bundesverfassungsgerichts vom 28. 2. 1961 (Gutachten für den Südwestfunk, Juni 1961).

— *Verfassungs-* und verwaltungsrechtliche *Bedenken* gegen die Errichtung einer Anstalt des öffentlichen Rechts „Zweites Deutsches Fernsehen", herausgegeben vom Bayerischen Rundfunk, Juni 1963.

Printed by Libri Plureos GmbH
in Hamburg, Germany